Haaa
SI C'EST POUR UN SUICIDE, TU PEUX FAIRE ÇA AILLEURS ?
SI TU TE JETTES DE CE PONT...
ON SERA OBLIGÉS DE DÉGAGER.
FRSH
GORON
8X-F291SY-HD

LA FIN DU SYSTÈME…

Cours d'humanomique du professeur Kamo

*NDT : 1192 SHOGUNAT NANA.

HUMANOMIQUE : THÉORIE ÉCONOMIQUE QUI REMET L'HUMAIN AU CENTRE DU VILLAGE.

*NDT : OU "MUTUELLE D'ASSURANCE", À NE PAS CONFONDRE AVEC NOS MUTUELLES DE SANTÉ.

SI SEULEMENT...
J'AVAIS DEUX ANS DE PLUS !
...
LÀ...
JE POURRAIS AIDER MES PARENTS.
OUPS !
JE RACONTE MA VIE À UN PARFAIT INCONNU...
PARDON, JE VOUS LAISSE !
TAP TAP TAP TAP
PAS SI VITE.
AVANT D'ARRÊTER TES ÉTUDES, ASSISTE À UN DERNIER COURS, DONNÉ PAR UN PROF QUE JE CONNAIS...

IL S'APPELLE *KAMO*, ET...
IL ENSEIGNE EN FAC D'ÉCO, JUSTEMENT.
JE CONNAIS M. KAMO...
DU MOINS, DE NOM.
AH OUAIS ?!
OUI, IL EST CÉLÈBRE.
C'EST UN ÉCONOMISTE DE GÉNIE DONT LA DOCTRINE, LE "KAMORISME", EST RÉPUTÉE À L'INTERNATIONALE...
MA FAC A OBTENU SA COLLABO-RATION.
HO HO !!
MAIS BON, IL EST SURTOUT CONNU...

POUR ÊTRE UN DINGO…
DE PREMIÈRE.
POUR LUI, LES ÉCONOMISTES SONT "LE PERSONNEL LE MOINS ESSENTIEL AU MONDE"…
LES ÉCONOMISTES NE SERVENT VRAIMENT À RIEN !
EUH, TU ES ÉCONOMISTE…
KAMO
DE FAIT, IL ANNULE TOUS SES COURS SOUS PRÉTEXTE "QU'IL NE FAUT SURTOUT PAS ÉTUDIER L'ÉCONOMIE AUPRÈS D'EUX"…
Le cours est annulé, par Kamo. Rendez un devoir sur le sujet du jour : "Le meilleur achat que vous pouvez réaliser pour 10 000 yens".
C'EST UNE BLAGUE ?

DONC...
JE NE RISQUE PAS D'AVOIR L'OCCASION DE L'ÉCOUTER !
GRIP
?!
PASSE DANS SON BUREAU DEMAIN À 9 H TAPANTES !
IL TE FERA COURS, TU VERRAS !

LE LENDEMAIN...
PFF...
LE TYPE D'HIER N'A AUCUNE IDÉE DU FONCTIONNEMENT D'UNE FAC !
IL NE SUFFIT PAS DE SE POINTER DANS LE BUREAU D'UN PROF...
POUR AVOIR DROIT À UN COURS !
DÉJÀ, KAMO NE MET JAMAIS LES PIEDS DANS LE SIEN.
LA LUMIÈRE EST TOUJOURS ÉTEINTE...
TIENS ?!
C'EST PAS LE CAS AUJOURD'HUI.
PROFESSEUR YOHEI KAMO
PAS POSSIBLE...
ZIEUTE
IL EST LÀ ?
QUI C'EST ?
GVOUPS
MISAKI NATORI, ÉLÈVE EN DEUXIÈME ANNÉE D'ÉCONOMIE...
CRiii...

C'EST MOI, KAMO...
JE T'ATTEN-DAIS !

?!
MAIS NOOON ?!
LE...
LE SANS-ABRI D'HIER ...
JE ME PRÉSENTE, YOHEI KAMO...
NIARK
LE "DINGO DE PREMIÈRE" !
AH... EUH...
FLIP FLIP
PARDON... JE... HIER...
HA HA HA !
NE T'INQUIÈTE PAS !
LE PROFESSEUR KAMO...
A PARFAITEMENT CONSCIENCE DE SA PROPRE EXCENTRICITÉ.

ET… QUI EST CETTE PERSONNE ?
ELLE ?
IZUMI TAKASE, ÉLÈVE DE MON SÉMINAIRE. ELLE EST EN 3e CYCLE.
ENCHANTÉE !
À CAUSE DE SON CARACTÈRE EXCENTRIQUE ET TORDU…
JE SUIS SON ASSISTANTE ET JE GÈRE TOUT !
HÉ !
ZAM
PARDON SI JE DIGRESSE… POURQUOI ÉTIEZ-VOUS DÉGUISÉ EN SANS-ABRI, HIER ?
DÉGUISÉ ?
PAS DU TOUT.
JE ME SUIS INSTALLÉ DANS LA RUE POUR DEUX MOIS.
TING
HEIN ?!
POURQUOI ?!
HA HA HA ! MAIS PARCE QUE…

LE PROFESSEUR EST UN DINGO, BIEN SÛR !
PAA-AS DU TOUT !!
JE MÈNE UNE RECHERCHE ...
EN ÉCONOMIE.
?!
?!
QUESTION ...
QUELLE EST LA DÉFINITION DE L'ÉCONOMIE ?
EH BIEN...
C'EST L'ÉTUDE DES FLUX D'ARGENT ET DE MARCHANDISES ?
HA HA HA !
SAIS-TU QUE CE MOT EST EN RÉALITÉ ASSEZ RÉCENT, AU JAPON ?
IL N'EXISTAIT PAS AVANT LA FIN DU XIXE SIÈCLE.
AH BON ?

LORS DE SON OUVERTURE, SUITE À LA RÉVOLUTION DE MEIJI, LE JAPON A IMPORTÉ DIFFÉRENTS TERMES ET ÉLÉMENTS CULTURELS…
DONT LE CONCEPT "D'ÉCONOMIE."
AUCUN MOT JAPONAIS NE LUI CORRESPONDAIT PARFAITEMENT.
ALORS, QUELQU'UN A EU UNE IDÉE…
ON N'A QU'À CONTRACTER EN "KEIZAI"…
L'EXPRESSION TIRÉ DU CHINOIS "KEISEI SAIMIN".
"KEISEI" SIGNIFIE "ADMINISTRER LA SOCIÉTÉ" ET "SAIMIN", "SECOURIR LE PEUPLE".
EN RÉSUMÉ …
L'ÉCONOMIE ÉTUDIE LA CONSTRUCTION D'UNE SOCIÉTÉ OÙ LE PEUPLE SERA SECOURU.
OR, SUR QUOI PORTENT AUJOURD'HUI LES SCIENCES ÉCONOMIQUES ?
LE MARCHÉ, LA BOURSE ET COMPAGNIE…
LA RÉFLEXION DES ÉCONOMISTES NE TOURNE QU'AUTOUR DU POGNON !

TANDIS QU'EN RÉALITÉ...
L'ÉCONOMIE DEVRAIT PENSER L'HUMAIN !
CE...
C'EST VRAI.
POUR MOI...
UN ÉCONOMISTE DOIT AVANT TOUT, CONNAÎTRE LES PLUS FAIBLES...
D'OÙ CETTE TENTATIVE...
DE ME METTRE DANS LA PEAU D'UN SANS-ABRI, SUMMUM DE LA PRÉCARITÉ !
TIIING
TU VOIS ?!
IL EST DINGUE, PAS VRAI ?
EUH... OUI...
MÊME SI SON DISCOURS M'A TOUCHÉE, AU DÉBUT...

ET...
CETTE RECHERCHE A DONNÉ DES RÉSULTATS ?
TOUT À FAIT !
POF
J'AI PU RÉCOLTER DES OPINIONS SANS FILTRE, ET...
CONSTATER PAR MOI-MÊME...
QUE NOTRE SYSTÈME ÉCONOMIQUE ET SOCIAL...
EST PROFONDÉMENT KAMORISÉ.
KAMORI... AH !
VOTRE THÈSE S'INTITULE "LE KAMORISME" ...
QUEL EST LE SENS DE CE MOT ?
VOUS VOUS ÊTES INSPIRÉ DE VOTRE NOM ?
EXACT !
PAAAS DU TOUT !

IL EST DÉRIVÉ DU "KAMO" QUI SIGNIFIE "CANARD" AU SENS PROPRE, MAIS...
"PIGEON" AU SENS FIGURÉ.
DE NOS JOURS, L'ÉCONOMIE MAINSTREAM CONSISTE, PLUS OÙ MOINS, À TROUVER UN PIGEON ET À LE PLUMER INTÉGRALEMENT...
...
C'EST CE PHÉNOMÈNE QUE J'AI NOMMÉ "KAMORISME", DANS MA THÈSE.
ON NOUS PIGEONNE À CE POINT ?!
ET PLUS ENCORE !
JE VAIS T'EN DONNER UN EXEMPLE SIMPLE ET TENDANCE...
LA CRYPTO-MONNAIE !

!
SOYONS TRÈS CLAIRS, LA CRYPTOMONNAIE N'EST PAS UNE ARNAQUE EN SOI…
LE CONCEPT EST RÉVOLUTIONNAIRE, ET EN THÉORIE, ELLE A UNE VALEUR MONÉTAIRE.
LE SOUCI EST LE SUIVANT…
SEULE UNE POIGNÉE DE PERSONNES EST EN MESURE D'EXPLIQUER PARFAITEMENT…
À LA FOIS CETTE THÉORIE ET SES IMPLICATIONS.
ON DOIT PARLER ICI DE 0,1 % DE LA POPULATION MONDIALE.
ET ÇA POSE PROBLÈME ?!
INDIVIDUS AYANT TOUT COMPRIS À LA CRYPTOMONNAIE
PERSONNES LAMBDA
NIVEAU INTELLECTUEL
UN PROBLÈME ÉNORME.
PAS DANS LE GROUPE "GENS MOINS INFORMÉS QUE LA MOYENNE"…
EN GÉNÉRAL, ILS DÉCIDENT DE NE PAS Y TOUCHER, CAR ILS N'Y PIGENT RIEN.
IL SE SITUE…

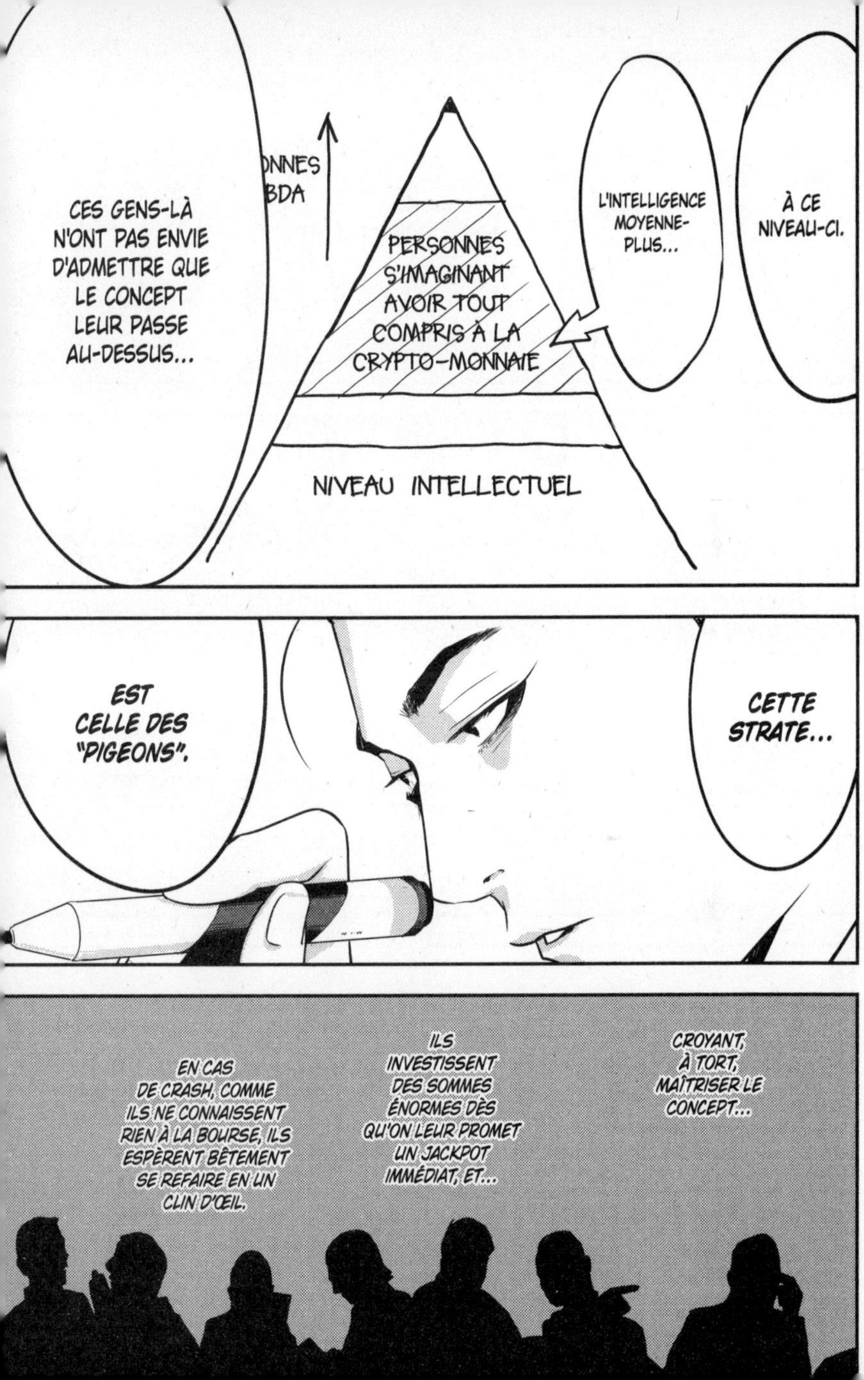
À CE NIVEAU-CI.
L'INTELLIGENCE MOYENNE-PLUS...
PERSONNES S'IMAGINANT AVOIR TOUT COMPRIS À LA CRYPTO-MONNAIE
NIVEAU INTELLECTUEL
CES GENS-LÀ N'ONT PAS ENVIE D'ADMETTRE QUE LE CONCEPT LEUR PASSE AU-DESSUS...
CETTE STRATE...
EST CELLE DES "PIGEONS".
CROYANT, À TORT, MAÎTRISER LE CONCEPT...
ILS INVESTISSENT DES SOMMES ÉNORMES DÈS QU'ON LEUR PROMET UN JACKPOT IMMÉDIAT, ET...
EN CAS DE CRASH, COMME ILS NE CONNAISSENT RIEN À LA BOURSE, ILS ESPÈRENT BÊTEMENT SE REFAIRE EN UN CLIN D'ŒIL.

ÇA ME PARLE.
JE N'Y AI JAMAIS JOUÉ, MAIS…
JE CONNAIS PLUSIEURS PERSONNES QUI Y ONT PERDU TRÈS GROS.
TU M'ÉTONNES !
LES PREMIERS À AVOIR EU L'IDÉE DE LA CRYPTOMONNAIE…
ÉTAIENT VRAIMENT MALINS. TU SAIS POURQUOI ?
PARCE QU'ILS ONT TOUT DE SUITE VU QU'UN MARCHÉ VIRTUEL LEUR PERMETTRAIT D'ARNAQUER UN MAXIMUM DE GENS.
TRÈS FINS CONNAISSEURS DE LA NATURE HUMAINE…
ILS SAVAIENT QUE LES PERSONNES MOYENNEMENT INTELLIGENTES NE SUPPORTENT PAS DE PASSER POUR DES IDIOTES.
LES ÉCONOMISTES AURAIENT DÛ S'APERCEVOIR AVANT TOUT LE MONDE QUE CETTE CONNAISSANCE RAPPORTE GROS…
QUAND, AU XXᴱ SIÈCLE, ON A INVENTÉ L'ÉCONOMIE COMPORTEMENTALE, IL ÉTAIT DÉJÀ TROP TARD.

PLUMER OU ÊTRE PLUMÉ, TELLE EST LA QUESTION…
DANS NOTRE SOCIÉTÉ MALHEUREUSEMENT KAMORISÉE.
EFFRAYANT…
MAIS PASSIONNANT !
CE SERA LE SUJET DU JOUR ?!
INCROYABLE, VOUS ALLEZ DONNER UN COURS RIEN QUE POUR MOI…
ERREUR !
MERCI, C'EST UN HONNEUR !
LE PROFESSEUR KAMO EST BIEN TROP ÉGOÏSTE POUR CONSACRER DE SON PRÉCIEUX TEMPS À AUTRUI…

VOICI UN RÉSUMÉ DE SA PENSÉE.
La plupart des économistes sont des gros nuls.
Il ne faut pas apprendre l'économie d'eux mais de la société et des gens ordinaires.
On étudie le "Kamorisme", branche de l'économie comportementale, au contact des pigeons et de ceux qui les plument.
BREF, IL NE TE DONNERA PAS DE COURS MAGISTRAL.
QUELQU'UN D'AUTRE VA TE PARLER.
QUOI ?!
MAIS... QUI ÇA ?
EH BIEN ...
TES PARENTS !
QUOIII ?!
PARDON, J'AI PERDU LE FIL...
JE NE SAIS PLUS OÙ JE SUIS !
EN RÉSUMÉ...

TES PARENTS ...
SONT EN TRAIN DE SE FAIRE PIGEONNER !

...
PARDON ?
CE FUT UN COUP DE TONNERRE DANS UN CIEL SEREIN.
JE LES CROYAIS JUSTE ENDETTÉS À CAUSE DU COVID, MOI.
J'AI FILÉ À L'AUBERGE FAMILIALE...
OÙ...
UN NOUVEAU CHOC M'ATTENDAIT.
COMMENT ?!
VOUS AVIEZ CONFIÉ TOUTES VOS ÉCONOMIES À UNE COOPÉRATIVE D'ASSURANCE ?!

C'ÉTAIT UN PLACEMENT SÛR...
RÉMUNÉRÉ À 2 % PAR TRIMESTRE.
PARENTS DE MISAKI NATORI
MAIS ÇA FAIT TROIS TRIMESTRES QU'ELLE NE VOUS VERSE PLUS RIEN !
C'EST À CAUSE DU COVID...
RAISON DE PLUS POUR TOUCHER LES DIVIDENDES !
ET...
VOUS AVEZ PLACÉ COMBIEN ?!
QUARANTE MILLIONS DE YENS.
QU...
QUA-RANTE ?!
MAIS LA MUTUALITÉ TAMPOPO EXISTE DEPUIS QUE JE SUIS TOUT PETIT ! ON PEUT LUI FAIRE CONFIANCE...
PERMETTEZ-MOI D'INTERVENIR, MAIS...

*NDE : UN MLM, OU *MULTI LEVEL MARKETING*, DÉSIGNE UN SYSTÈME OÙ DES VENDEURS EN PARRAINENT DE NOUVEAUX.

C'EST POURQUOI IL Y A EU UNE RÉFORME DE LA LOI EN 2006…
À COMPTER DE CETTE DATE, L'*INSURANCE BUSINESS ACT* S'APPLIQUE À TOUS LES ORGANISMES, SANS EXCEPTION.
CONCRÈTEMENT, CES COOPÉRATIVES N'AVAIENT PLUS QUE TROIS OPTIONS : DEVENIR DES COMPAGNIES D'ASSURANCE DANS UN DÉLAI DE DEUX ANS, VENDRE DES PRODUITS À COURT TERME ET PLAFOND LIMITÉ, OU FERMER BOUTIQUE.
…
BIEN QUE LA MAJORITÉ ÉTAIT BIEN GÉRÉE, BEAUCOUP ONT ÉTÉ CONTRAINTES DE FERMER LEURS PORTES, À CAUSE DE QUELQUES BREBIS GALEUSES.
J'Y PENSE ! LA TAMPOPO AVAIT FERMÉ IL Y A UNE QUINZAINE D'ANNÉES…
ELLE A ROUVERT JUSTEMENT AU MOMENT DE LA CRISE DU COVID, L'AN DERNIER.
À MON AVIS…

*NDT : TAMPOPO, EN JAPONAIS.

S'IL S'AGIT D'UN SYSTÈME DE PONZI, OÙ L'ON PAYE LES DIVIDENDES DES NOUVEAUX INVESTISSEURS AVEC LE CAPITAL DES PRÉCÉDENTS ...
LES RESPONSABLES S'ÉVANOUIRONT DANS LA NATURE AVEC VOTRE ARGENT.
ATTEN-DEZ...
NOS QUARANTE MILLIONS SONT PERDUS ?
ZAM
NON !!
JE VAIS DE CE PAS LES RÉCUPÉRER !
MAIS ...
ATTENDS, MISAKI !
DASH

TAMPOPO
FONDS
VOUS REMBOURSER ?!
OUH LÀ LÀ...
CE NE SERA PAS SIMPLE !
ICHIRO SEKI
DIRECTEUR DU FONDS TAMPOPO
MES PARENTS SONT PRIS À LA GORGE...
LIBÉREZ-LES IMMÉDIATEMENT DE LEUR CONTRAT !
C'EST BIEN JOLI, MAIS...
IL LEUR EST INTERDIT DE TOUCHER À CET ARGENT POUR TROIS ANS !
SA RUPTURE ENTRAÎNERAIT UNE PÉNALITÉ DE 80 % DU CAPITAL...
VOUS DÉSIREZ TOUJOURS RÉSILIER ?
...

...
ILS NE T'ONT PAS RENDU UN YEN... DOMMAGE, HEIN ?
?!
COMMENT VOUS LE SAVEZ ?
HA HA HA !
J'AI OBSERVÉ LA SCÈNE EN DOUCE, GRÂCE À LA CAMÉRA MINIATURE SUR TON COL.
QUAND EST-CE QU'IL L'A ACCROCHÉE LÀ ?
N'EMPÊCHE, ÇA CONFIRME NOS CRAINTES...
EH OUI.
O.K. !!
À MON TOUR DE DISCUTER AVEC EUX !

NE VOUS DONNEZ PAS CETTE PEINE POUR MOI.
À MON AVIS, ILS N'ÉCOUTERONT PAS LES PROTESTATIONS D'UN PROFESSEUR...
MOI, PROTESTER ?
JAMAIS DE LA VIE !
CE SERA UN PUR TRAVAIL DE TERRAIN !
JE VEUX JUSTE OBSERVER DES ESCROCS EN MILIEU NATUREL.
AH...
LE NUL !
IL S'AMUSE DU MALHEUR DES AUTRES !
BON ! JE LEUR PARLERAI DEMAIN !
SI C'EST POUR UNE RECHERCHE...
ILS N'ACCEPTERONT MÊME PAS DE VOUS RECEVOIR !
SI, TU VERRAS !
CES MECS ADORENT PLUMER DES PIGEONS...
DU COUP...

JE N'AI QU'À EN DEVENIR UN !
...
PARDON ?
SI J'ARRIVE AVEC, DISONS, 500 MILLIONS À DÉPOSER...
ILS M'ACCUEILLE-RONT À BRAS OUVERTS, TU NE CROIS PAS ?
UNE PETITE MINUTE !
COMMENT ÇA, 500 MILLIONS ?!
TU CROIS SANS DOUTE À UNE BLAGUE DE TRÈS MAUVAIS GOÛT, MAIS...
DEMAIN, IL AURA RASSEMBLÉ CETTE SOMME.
QUOIII-IIIIIIIII-IIIIIIIII-IIIIIIIII-IIIIIIIII-IIIIIIIII-IIIIIIIII-?!
C'EST MÊME DU PIPI DE CHAT, POUR LE PROFESSEUR, CAR...
IL EST PLEIN AUX AS.

TU VERRAS PLUS TARD QUE, SELON UNE AUTRE DE SES THÉORIES...
“ON NE PEUT PAS PRÉTENDRE AU TITRE D'ÉCONOMISTE SI ON EST INCAPABLE DE S'ENRICHIR”.
?!
?!
ELLE...
ELLE RIGOLE, C'EST ÇA ?
TAMPO
FONDS
PSST
PSST
PSST
PSST
HÉ
HÉ
ALORS ?!
AUCUN DOUTE ...
IL EST VRAI !

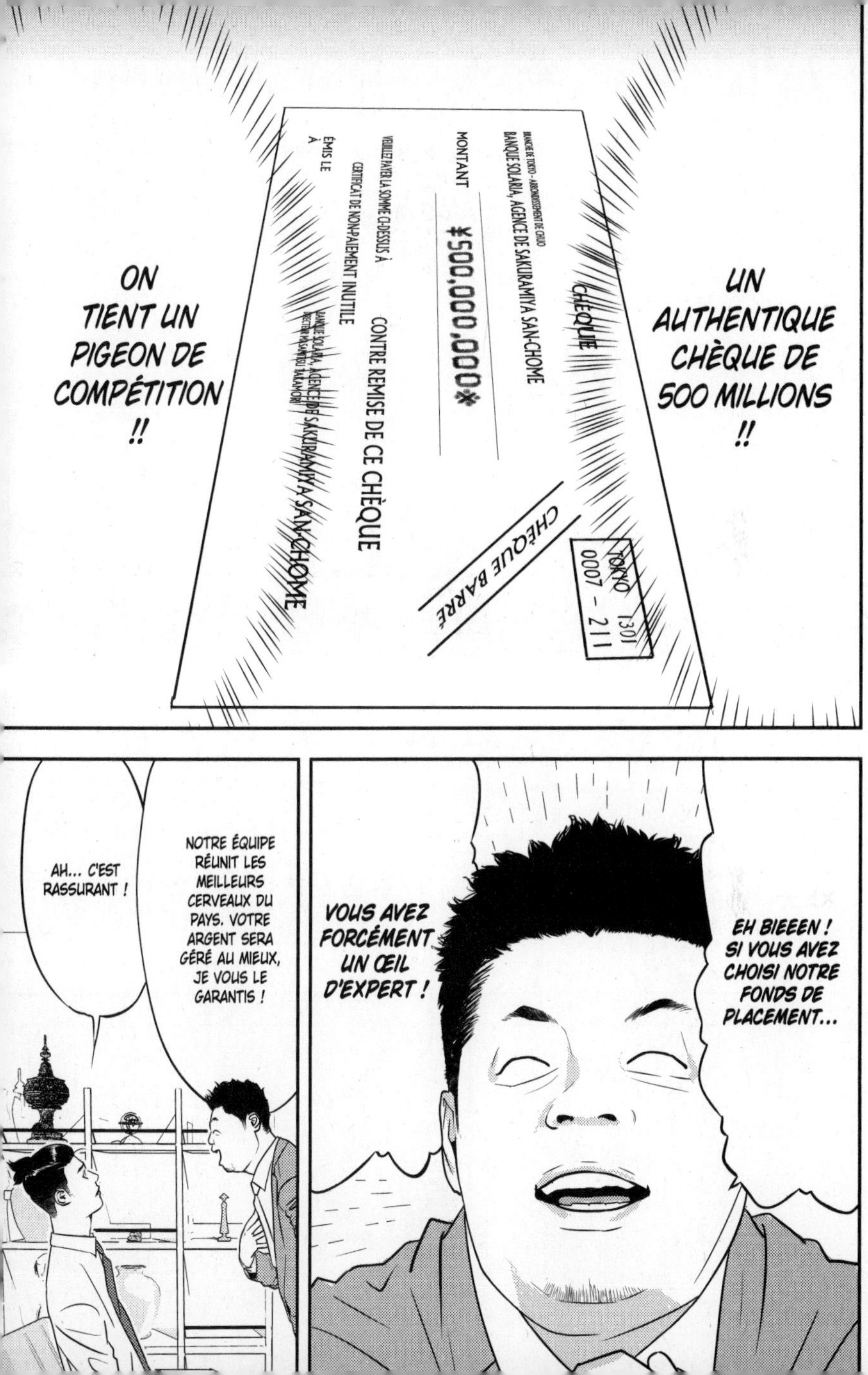
CHÈQUE
BANQUE SOLARIA, AGENCE DE SAKURAMIYA SAN-CHOME
MONTANT
¥500,000,000※
VEUILLEZ PAYER LA SOMME CI-DESSUS À
CONTRE REMISE DE CE CHÈQUE
CERTIFICAT DE NON-PAIEMENT INUTILE
ÉMIS LE
À
BANQUE SOLARIA, AGENCE DE SAKURAMIYA SAN-CHOME
CHÈQUE BARRÉ
TOKYO 1301
0007 - 211
UN AUTHENTIQUE CHÈQUE DE 500 MILLIONS !!
ON TIENT UN PIGEON DE COMPÉTITION !!
EH BIEEEN ! SI VOUS AVEZ CHOISI NOTRE FONDS DE PLACEMENT...
VOUS AVEZ FORCÉMENT UN ŒIL D'EXPERT !
NOTRE ÉQUIPE RÉUNIT LES MEILLEURS CERVEAUX DU PAYS. VOTRE ARGENT SERA GÉRÉ AU MIEUX, JE VOUS LE GARANTIS !
AH... C'EST RASSURANT !

COMME JE VIENS D'HÉRITER DE MES PARENTS...
DÈS QU'ON MENTIONNAIT UN FONDS DE PLACEMENT DEVANT MOI, JE ME DOCUMENTAIS À SON SUJET.
FRATCH
FRATCH
LADIES FUN
GRANDE
BASIQUE / BULL BEAR / HAUT RENDEMEN
FLAP
VOUS VOYEZ ?
ZAILAND FUND
FORMULES À TAUX D'INTÉRÊT SPÉCIAUX
VERSEMENT DES DIVIDENDES MENSUEL OU SEMESTRI
FLAP
FONDS DE PLACEMENT STRATÉGIQUE (STABLE) / (ÉVOLUTIF)
SANTÉ ET AVENIR
FLAP
J'AI INVESTI UN MILLION DANS CHAQUE, POUR VOIR, MAIS...
AUCUN NE M'A RAPPORTÉ PLUS DE 2 OU 3 % PAR AN !
ILS N'ONT PAS CONFIANCE EN LEURS CAPACITÉS DE GESTION ...
LEURS PUBS NE MENTIONNENT MÊME PAS LES PROFITS !
FORMULES À TAUX D'INTÉRÊT SPÉCIAUX
HA HA HA !
KAMO S'AMUSE !
...
OUH LÀ LÀ ! PITEUSE PERFORMANCE !

NOUS NE JOUONS PAS DANS LA MÊME COUR !
NOUS SOMMES EN MESURE DE GÉNÉRER 8 % ANNUELS, DE FAÇON CONSTANTE !!
OOOH...
TRÈS RASSURANT !
C'EST DÉCIDÉ...
JE DÉPOSE TOUT CHEZ VOUS !
YESSS !
BON...
JE REVIENDRAI SIGNER DANS TROIS JOURS.
TAC

D'ICI LÀ...
PRÉPAREZ-MOI LA LISTE DE VOS INVESTISSEMENTS... OU PLUTÔT, UN RAPPORT DE PERFORMANCE DES FONDS, JE VOUS PRIE !
BIEN SÛR !
À DANS TROIS JOURS !
IL VA LEUR DONNER 500 MILLIONS ?
HA HA HA, BIEN SÛR QUE NON !
IL DÉSIRAIT JUSTE LEUR PARLER !
...
DEUX JOURS PLUS TARD...
UNIVERSITÉ TENPYO
CAMPUS DE MITA

QU'AS-TU PENSÉ...
DE MON INTERACTION AVEC LE FONDS TAMPOPO ?
TU AS APPRIS DES CHOSES ?
...
HONNÊTEMENT ...
JE SUIS DÉÇUE.
AH ?
VOUS AVEZ THÉORISÉ LE KAMORISME...
JE M'ATTENDAIS À UN SERMON, VOIRE À UN SAVON...
SÛREMENT PAS...
À UNE DISCUSSION AMICALE ET SANS SUITE.

AH...
SI JE LEUR AVAIS CRIÉ DESSUS, TU AURAIS ÉTÉ SATISFAITE ?
...
NON ...
ÇA M'AURAIT JUSTE SOULAGÉE SUR LE MOMENT, MAIS...
ÇA N'AURAIT PAS RENDU L'ARGENT.
À CE SUJET...
JE SUIS OPTIMISTE.
QUOI ?!
ENFIN, SI ON A BIEN AFFAIRE À DES ESCROCS...
...
?!

PROFES-
SEUR !
VLAM
LE FONDS TAMPOPO VIENT D'EFFECTUER UN VIREMENT !
POUR UNE SOMME...
DE 1,33 MILLIARDS DE YENS !
SUPER ! SUCCÈS TOTAL !
JE LE SAVAIS ! ON A RÉCUPÉRÉ L'ARGENT DE TES PARENTS, MAIS AUSSI...
DE TOUS LES INVESTIS-
SEURS !
HEIN ?!
MAIS ...
COMMENT ?!

LE PROFESSEUR...
LE LEUR A REPRIS !
!
QUOI ?!
EUH...
JE...
PARDON, JE SUIS ENCORE SOUS LE CHOC.
HA HA HA !
JE VAIS TOUT T'EXPLIQUER.
TU TE RAPPELLES CE QUE LE PROFESSEUR LEUR A DEMANDÉ, AU MOMENT DE PARTIR ?
JE REVIENDRAI SIGNER DANS TROIS JOURS...
PRÉPAREZ-MOI LA LISTE DE VOS INVESTISSEMENTS... OU PLUTÔT, LE RAPPORT DE PERFORMANCE DES FONDS, JE VOUS PRIE !

À CET INSTANT, ILS ONT CLAIREMENT PANIQUÉ...
ET POUR CAUSE, ILS N'AVAIENT AUCUN RAPPORT À LUI FOURNIR, OR...
FAUTE DE PRÉSENTER CE DOCUMENT À LA DATE DEMANDÉE, LE CLIENT FLAIRERAIT L'ARNAQUE... TANDIS QUE S'ILS LE PRODUISAIENT, ILS ÉTAIENT CERTAINS D'EMPOCHER 500 MILLIONS.
CETTE FORTUNE ÉTAIT À PORTÉE DE MAIN, MAIS LE TEMPS PRESSAIT...
C'EST ALORS QU'UNE SOLUTION LEUR A SAUTÉ AUX YEUX...
SOUS LA FORME...
DES BROCHURES DES FONDS DE PLACEMENT...
QUE LE PROFESSEUR LEUR AVAIT LAISSÉES.
BASIQUE / BULL BEAR / HAUT RENDEMENT
GRANDE
ZAILAND FUND
FORMULES À TAUX D'INTÉRÊT SPÉCIAUX
ÇA LEUR A DONNÉ L'IDÉE DE DÉPOSER L'ARGENT SUR UN DE CES FONDS, ET DE DEMANDER UN REÇU QUI PROUVERAIT L'EXISTENCE D'INVESTISSEMENTS...
UNE PLANCHE DE SALUT !
GRÂCE À QUOI, À EUX LES PÉPETTES !

ILS NE SE DOUTAIENT PAS...
QUE CES FONDS D'INVES-TISSEMENT APPARTIENNENT AU PROFESSEUR !!
QUOI ?!
LES ÉNORMES SOMMES QU'ILS ONT VIRÉES...
ONT ATTERRI SUR MON COMPTE EN BANQUE !
IL AVAIT ACHETÉ CINQ PETITS FONDS AFIN DE LEUR TENDRE SON PIÈGE !
IL NE VA PAS TROP LOIN DANS LA DÉMESURE ?!
VOUS AVIEZ APPORTÉ LES BROCHURES DANS CE BUT PRÉCIS ?
HA HA HA ! EXACT.
EN ÉCONOMIE COMPORTEMENTALE, CEUX QUI PERDENT LE PLUS ONT UN TRAIT COMMUN...
SAIS-TU LEQUEL ?
...
NON.
EH BIEN ...

ILS ONT LA CERTITUDE QU'ILS GAGNERONT TRÈS GROS.
À TON AVIS, POURQUOI JE ME SUIS RENDU SUR PLACE ?
?!
JUSQU'ICI...
CES TYPES ONT ARNAQUÉ TELLEMENT DE PIGEONS DANS CE BUREAU...
QU'ILS ONT FINI PAR LE VOIR COMME "UN PIGEONNIER".
TAMPOPO
FONDS
AUTREMENT DIT, DANS LEUR ESPRIT...
ILS NE COURAIENT PAS LE MOINDRE RISQUE DE S'Y FAIRE PLUMER, EUX.

TU TE RAPPELLES LE DISCOURS DU PROFESSEUR SUR LA CRYPTO-MONNAIE ?
C'EST PAREIL.
LEUR CERTITUDE DE TOUCHER LE JACKPOT A OCCULTÉ TOUT LE RESTE.
!
ILS ONT DÉROULÉ LEURS ARGUMENTS DE VENTE, CAR ILS NE VOULAIENT SURTOUT PAS QUE LE PIGEON S'ENVOLE…
TOUT À FAIT !
OUH LA LA ! PITEUSE PERFORMANCE !
COMMENT PEUT-ON CONFIER SON ARGENT À CES CLOWNS !
ET AINSI AVEUGLÉS …
ILS NE SE SONT PAS APERÇUS QU'EN RÉALITÉ…
C'ÉTAIT À EUX QU'ON FAISAIT L'ARTICLE.
?!
À FORCE D'ARNAQUER LEURS VICTIMES EN LES ALLÉCHANT AVEC DE FORTS DIVIDENDES…
INCONS-CIEMMENT…
ILS ONT FINI PAR ASSOCIER "RENDEMENT FAIBLE" À "PLACEMENT SÛR" !
ET LE TOUR ÉTAIT JOUÉ.
PLUS LE PROFESSEUR CRITIQUAIT LES FONDS DES BROCHURES, PLUS IL LEUR APPARAISSAIT COMME UN PIGEON IDÉAL ET PLUS CES ÉTABLISSEMENTS LEUR SEMBLAIENT SÉRIEUX…

VOUS ÊTES FORT...
TROP FORT !!
INCROYABLE, VOUS AVEZ TROMPÉ CES ESCROCS !
TROMPÉ ? TU MÉDIS...
JE N'AI PAS PROFÉRÉ UN SEUL MENSONGE !
ET CES FONDS DE PLACEMENT EXISTENT...
DANS LES FAITS...
JE ME SUIS FAIT PASSER POUR UN PIGEON...
POUR MIEUX LES PLUMER, EUX !
PATRON !!
C'EST LA CATA !
LE FONDS OÙ ON A DÉPOSÉ LES 1,33 MILLIARD NOUS A CONTACTÉS...
LA PRINCIPALE SOCIÉTÉ DANS LAQUELLE IL A INVESTI EST DEVENUE INSOLVABLE. L'ARGENT S'EST ÉVAPORÉ !
PARDON ?!

C'EST DU DÉLIRE !
QUELLE SOCIÉTÉ ?!
LA SOCIÉTÉ OÙ NOU
AVIONS INVESTI N'A
IL SERA DIFFICILE DE
RÉCUPÉRER LA SOM
SOCIÉTÉ PROBLÉMAT
FONDS TAMPOPO
...
AINSI, MES PARENTS ONT ÉVITÉ LA FAILLITE, ET...
J'AI PU POURSUIVRE MES ÉTUDES.
TOC
TOC
TOC
ENCORE ABSENT ?
TU VEUX LE REMERCIER ?
LAISSE TOMBER ...
IL N'AIME PAS ÇA.
TAKASE ...
JE PARIE MÊME QUE LUI T'EST RECONNAISSANT !
IL S'EST AMUSÉ COMME UN PETIT FOU !
ARGH...
J'AVAIS RAISON, IL S'AMUSE DU MALHEUR DES AUTRES !

IL FAIT SOUVENT LA CHASSE AUX ESCROCS, COMME ÇA ?
HA HA, OUI !
IL Y EST D'AILLEURS PARTI CE MATIN.
AUJOURD'HUI ENCORE ?!
ET IL N'APPELLE PAS ÇA "CHASSE AUX ESCROCS", MAIS "TRAVAIL DE TERRAIN".
IL EST SANS DOUTE POUSSÉ PAR LA CULPABILITÉ.
?!
SELON LUI...
L'ÉCONOMIE COMPORTEMENTALE...
SE CONTENTE DE THÉORISER A POSTERIORI DES ARNAQUES DÉJÀ EXISTANTES.
IL TIENT PLUS QUE TOUT À SES "TRAVAUX DE TERRAIN", CAR...
PLUS IL MET D'ESCROCS EN SITUATION D'ÉCHEC...
PLUS SES RECHERCHES SONT VALIDÉES.
...
À MOINS QU'IL NE PENSE PLUS LOIN.

PROFESSEUR YOHEI KAMO KAMORISME SÉMINAIRE D'ÉCONOMIE COMPORTEMENTALE
PROFESSEUR YOHEI KAMO
DANS NOTRE SOCIÉTÉ...
PLUS ON ATTEND QUE LES PIGEONS VIENNENT SE FAIRE PLUMER, PLUS ON S'ENRICHIT. N'EST-CE PAS ?
MAIS...
SI PARFOIS CES PLUMES S'AVÉRAIENT ÊTRE UN POISON VIOLENT...
MOINS DE GENS CHOISIRAIENT CETTE SOLUTION. C'EST PEUT-ÊTRE LÀ SON IDÉE...
...
TAKASE...
QUOIQUE ...
IL S'AMUSE SANS DOUTE JUSTE À SAIGNER LES ESCROCS, ET...
CE N'EST QUE LE JEU DE MAUVAIS GOÛT D'UN TORDU !
...

À LA RENTRÉE...
UNIVERSITÉ
Information
MISAKI !
TU AS CHOISI TON SÉMINAIRE ?
OUI.
BEURK !!
TU ES SÛRE ? IL PARAÎT QUE C'EST LE PIRE DE TOUS !
HA HA HA !
JE SAIS...
MAIS ...
CHOIX DE SÉMINAIRE
(Écrivez le nom du professeur.)
PREMIER VŒU
Professeur Yohei Kamo
DEUXIÈME VŒU
MOI, ÇA ME VA !

LA FIN DU SYSTÈME...

Cours d'humanomique du professeur Kamo

SOMMAIRE

1

Comme ce manga se passe au Japon, les institutions ou dispositifs cités n'existent pas forcément en France et les lois invoquées ne s'y appliquent pas.

D'APRÈS UN ÉCONOMISTE DE GÉNIE…
"PAR NATURE, DÈS QU'IL VOIT UN PIGEON, UN HUMAIN A ENVIE DE LE PLUMER".
TOUJOURS SELON LUI…
ACTUELLEMENT, L'ÉCONOMIE CONSISTE À PIGEONNER OU SE FAIRE PIGEONNER, CAR…
NOTRE SOCIÉTÉ EST KAMORISÉE.
CE GÉNIE S'APPELLE…
YOHEI KAMO.

1er cours

1er cours

Le choix intertemporel

KAMORISM
ECONOMICS

**NDT : TIA = TAUX D'INTÉRÊT ANNUEL.

PARDON ?!
J'HALLUCINE !!
ON DIRAIT UN DEVOIR DE VACANCES DE PRIMAIRE !
AU FAIT...
T'ES QUI ?
AH ...
JE SUIS MISAKI NATORI, ÉTUDIANTE EN TROISIÈME ANNÉE D'ÉCONOMIE...
J'AI REJOINT LE SÉMINAIRE DU PROFESSEUR KAMO À LA RENTRÉE.
100 000 YENS MÊME
AH, D'ACCORD, TU ES SA MESSAGÈRE...
ET OÙ IL EST ? IL SÈCHE ?
NON, EUH...
ARRÊTE ! PAS LE PREMIER COURS DE L'ANNÉE !
SI SI, IL EN EST CAPABLE...
IL PARAÎT QU'IL EST AUSSI DINGUE QU'IL EST GÉNIAL.
IL A BEAU ÊTRE PROF, IL DÉTESTE FAIRE COURS !
QUOI ? TROP NUL !
EUH ...
JE VOUS EXPLIQUE...

"LE SAVOIR ACQUIS PAR L'EXPÉRIENCE A LARGEMENT PLUS DE VALEUR QUE DES CONNAISSANCES DE SECONDE MAIN."
TELLE EST LA DEVISE DU PROFESSEUR.
"TROUVEZ
TROUVER UN NEUNEU ...
QUI EMPRUNTERAIT À CE TAUX, AURAIT VALEUR D'EXPÉRIENCE ?
DÉJÀ, ÇA EXISTE ?
MÊME PAS EN RÊVE !
JE VOUS RÉPÈTE QUE CE DEVOIR EST UNE RUSE...
POUR AVOIR ZÉRO INSCRIPTION À SON COURS !
!
CE SERAIT VRAIMENT UNE COMBINE ?!
NON, QUAND MÊME PAS ?

AH SI, POSSIBLE...
IL M'AURAIT MENTI ? JE NE SERAIS QU'UN PION ?
DE LA PART DE "KAMO LE DINGO".
MÊME LES PRÊTS À LA CONSOMMATION TOURNENT AUTOUR DES 18 %. UN TIA DE 100 %...
SOFILEM
POUR DES PRÊTS DE 10 000 À 990 000 YENS
7.7~18.4%
IMPLIQUE DE REMBOURSER 200 000 YENS APRÈS UN AN, POUR UN EMPRUNT DE 100 000...
PARDON...
J'AURAIS UNE QUESTION.
À VOTRE AVIS, IL EXISTE DES GENS PRÊTS À EMPRUNTER 100 000 YENS...
MÊME AVEC UN TIA DE 100 % ?

HA HA HA ! JAMAIS DE LA VIE !
IL FAUDRAIT ÊTRE COMPLÈTEMENT DEMEURÉ !
...
PUR BON SENS.
EH MERDE ! IL S'EST SERVI DE MOI POUR DÉCOURAGER LES ÉTUDIANTS !!
J'AI LES BOULES ! J'Y RETOURNE, ET IL VA M'ENTENDRE !
STOMP
STOMP
STOMP
STOMP
!
TIENS ?!
RAビル
A Bldg

HONOKA...
JAL
C'EST BIEN TOI ?!
?!
JE SUIS MISAKI, LA FILLE DES VOISINS !
TU TE SOUVIENS ?!
OH... MISAKI ?!
TU ES ADULTE MAIN-TENANT ! C'EST FOU !
HONOKA MARUYAMA, SUR QUI J'ÉTAIS TOMBÉE PAR HASARD, AVAIT HABITÉ À CÔTÉ DE CHEZ MES PARENTS.
MALGRÉ SES HUIT ANS DE PLUS, ELLE JOUAIT SOUVENT AVEC MOI ET AVAIT UN PEU ÉTÉ MA GRANDE SŒUR JUSQU'À LA FIN DU COLLÈGE.
ON NE S'ÉTAIT PAS VUES DEPUIS SIX ANS...
TU M'AS SOUVENT AIDÉE À RÉVISER !
QUAND J'AVAIS 15 ANS ...
TU AS DÉMÉNAGÉ À TOKYO...
POUR ÉPOUSER TON FIANCÉ, APRÈS UNE RELATION LONGUE DISTANCE.
HA HA HA ...

ON S'EST SÉPARÉS…
IL Y A UN AN.
OH…
DÉ… DÉSOLÉE, JE L'IGNORAIS…
NE T'EN FAIS PAS !!
ET TOI ? TU ES MONTÉE À LA CAPITALE POUR TES ÉTUDES ?
C'EST ÇA.
J'ÉTUDIE L'ÉCONOMIE, À TENPYO.
TENPYO ?!
C'EST UNE FAC POUR LES TÊTES ET LES POCHES PLEINES !
J'OUBLIAIS QUE TES PARENTS POSSÈDENT UNE AUBERGE TRADITIONNELLE…
TU EXA-GÈRES…
C'EST UNE RUINE AUX FINANCES PRÉCAIRES…
DIS, MISAKI…
ON NE S'EST PAS VUES DEPUIS DES ANNÉES, ALORS JE SAIS QUE J'ABUSE, MAIS…

TU POURRAIS ME PRÊTER 100 000 YENS ?
JE TE RENDRAI 110 000 LE MOIS PROCHAIN.
!
QUOI ?
Pfouu
TIENS ?!
ÇA NE VA PAS ?
...
IZUMI TAKASE
3E CYCLE – SÉMINAIRE KAMO
JE PENSAIS QUE KAMO DEMANDAIT LA LUNE...
QUE PERSONNE N'ACCEPTERAIT D'EMPRUNTER À UN TIA DE 100 %...

MAIS SI, CETTE PERSONNE EXISTE…
ET EN PLUS, DANS MON ENTOURAGE.
LA PERSONNE L'A FORMULÉ DE CETTE FAÇON ?
NON, ELLE A PARLÉ DE ME RENDRE 110 000 YENS LE MOIS PROCHAIN, SI JE LUI EN PRÊTAIS 100 000…
CE QUI FAIT 120 % PAR AN EN INTÉRÊTS SIMPLES, ET MÊME…
213,8 % EN INTÉRÊTS COMPOSÉS.
CETTE FILLE S'EST BEAUCOUP OCCUPÉE DE MOI QUAND J'ÉTAIS PETITE…
JE TE DIS PAS LE CHOC…

JE LE SAVAIS !
TU VOIS !
IL Y EN A TOUJOURS PLUS PRÈS QU'ON NE CROIT !
YOHEI KAMO PROFESSEUR ASSOCIÉ FACULTÉ D'ÉCONOMIE DE L'UNIVERSITÉ TENPYO
POURQUOI VOUS ÊTES DÉGUISÉ ?
DIMANCHE PROCHAIN ...
IL Y A UN SHOW DE SUPER-HÉROS. JE DISTRIBUE DES FLYERS.
GOMEN RIDER ZÉRO-ZÉRO SHOW
VOUS AVEZ ANNULÉ VOTRE COURS À CAUSE D'UNE SOUDAINE ENVIE DE COSPLAY ?
TU MÉDIS !
JE MÈNE UN ***TRAVAIL DE TERRAIN*** TOUT CE QU'IL Y A DE PLUS RESPECTABLE.

DU COUP ...
TU LUI AS PRÊTÉ ?
NON ...
JE N'AI PAS UNE SOMME PAREILLE.
JE SUIS SURTOUT CHOQUÉE DE VOIR QUELQU'UN COMME HONOKA...
QUELQU'UN DE RAISONNABLE ET D'INTEL-LIGENT...
PRÊT À EMPRUNTER À CE TAUX-LÀ !
C'EST CE QU'ON APPELLE...
UN CHOIX INTERTEMPOREL ...
EN ÉCONOMIE COMPORTE-MENTALE.
INTER-TEMPOREL...
VOUS DITES ?
OUI.
EXEMPLE ...

JE TE PROPOSE DE TE DONNER 10 000 YENS TOUT DE SUITE, MAIS...
SI TU ATTENDS UN AN...
TU AURAS 11 000.
TU LES PRENDS AUJOURD'HUI...
OU L'ANNÉE PROCHAINE ?!
AUJOURD'HUI, SANS HÉSITER.
FORCÉMENT !
C'EST UN EXEMPLE-TYPE D'UN *CHOIX INTERTEMPOREL*.
PAR NATURE...
LES HUMAINS PRIVILÉGIENT LEUR PLAISIR IMMÉDIAT...
PLUTÔT QUE LEUR PLAISIR À PLUS LONG TERME.

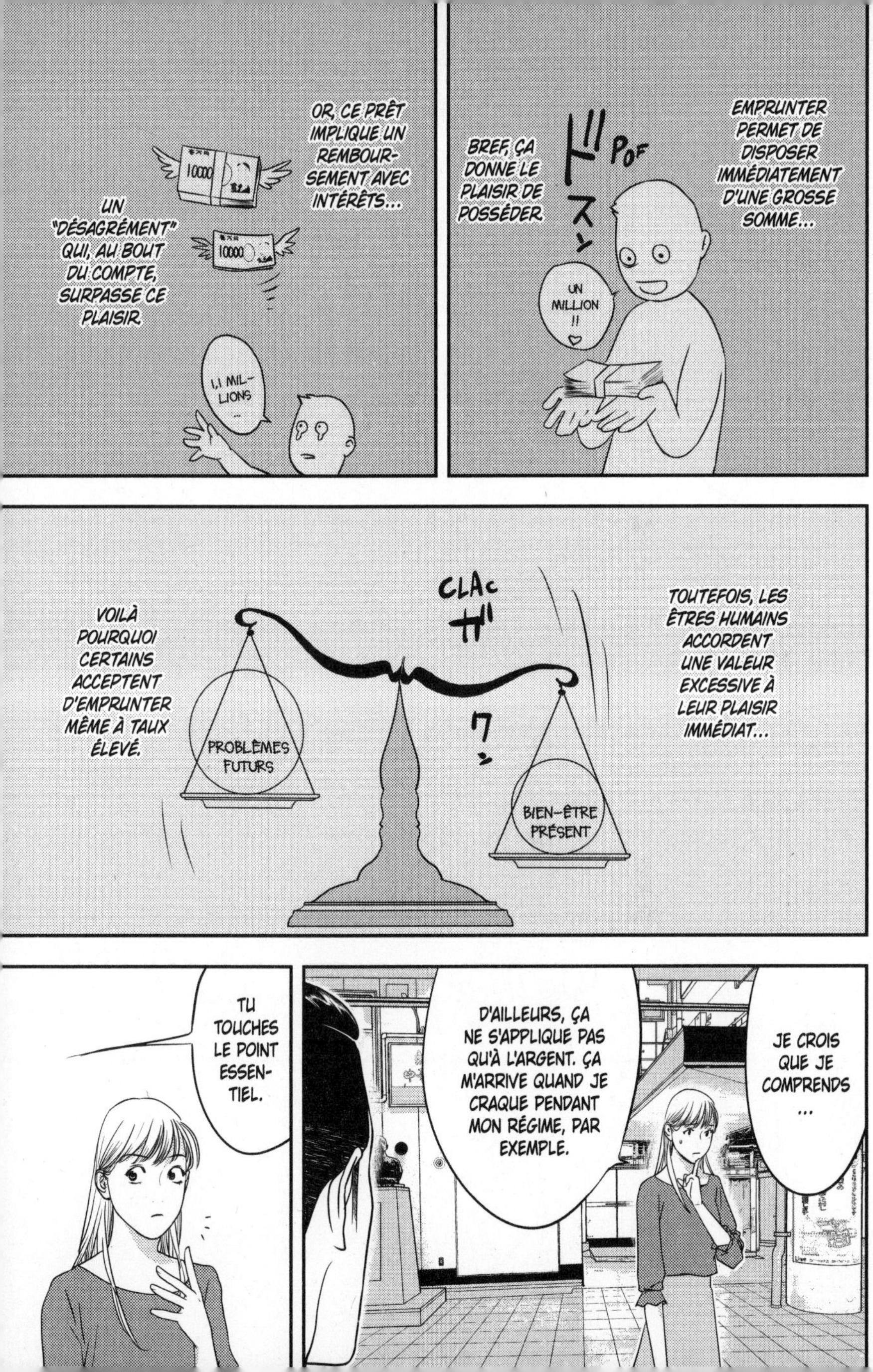
EMPRUNTER PERMET DE DISPOSER IMMÉDIATEMENT D'UNE GROSSE SOMME...
BREF, ÇA DONNE LE PLAISIR DE POSSÉDER.
POF
UN MILLION !!
OR, CE PRÊT IMPLIQUE UN REMBOUR-SEMENT AVEC INTÉRÊTS...
UN "DÉSAGRÉMENT" QUI, AU BOUT DU COMPTE, SURPASSE CE PLAISIR.
1,1 MIL-LIONS ...
TOUTEFOIS, LES ÊTRES HUMAINS ACCORDENT UNE VALEUR EXCESSIVE À LEUR PLAISIR IMMÉDIAT...
CLAC
BIEN-ÊTRE PRÉSENT
PROBLÈMES FUTURS
VOILÀ POURQUOI CERTAINS ACCEPTENT D'EMPRUNTER MÊME À TAUX ÉLEVÉ.
JE CROIS QUE JE COMPRENDS ...
D'AILLEURS, ÇA NE S'APPLIQUE PAS QU'À L'ARGENT. ÇA M'ARRIVE QUAND JE CRAQUE PENDANT MON RÉGIME, PAR EXEMPLE.
TU TOUCHES LE POINT ESSEN-TIEL.

N'IMPORTE QUI EST SUSCEPTIBLE ...
DE S'ENDETTER !!
!
TU N'AS PAS DE PRÊT SUR LE DOS ?
C'EST PEUT-ÊTRE UN SIMPLE COUP DE CHANCE !
PARFOIS, LES PAROLES DE CE DINGO VISENT JUSTE...
JE... J'AI TRÈS MAL JUGÉ LA SITUATION, JE CROIS...
POUR MOI, ON S'ENDETTAIT QUAND ON GÉRAIT MAL SON ARGENT...
HONOKA A PEUT-ÊTRE DES SOUCIS...
BIP BIP BIP BIP
JE LA RAPPELLE !

ALLÔ, HONOKA ?
ENCORE DÉSOLÉE DE NE PAS AVOIR PU T'AIDER…
NE T'EN FAIS PAS, J'AI RÉSOLU LE PROBLÈME !
AH BON ?
J'AI TROUVÉ UN PRÊTEUR…
HONOKA
00:44
IL Y A DES FORUMS …
POUR AIDER LES PERSONNES DANS MON CAS…
SUR LE NET !
PLOF
?!
ALLÔ ?
PARDON DE M'IMMISCER. JE SUIS IZUMI TAKASE, UNE AMIE DE MISAKI.
TAKASE ?!
SI VOUS VOULEZ BIEN ME DONNER PLUS DE DÉTAILS SUR CE FORUM…
MAIS… POURQUOI ELLE M'A PIQUÉ MON PORTABLE ?!
AH…
ELLE A DÛ FLAIRER DU LOUCHE !

PAR EXEMPLE...
UNE HISTOIRE DE "CRÉDIT PASSAGER" ...
?!
C'EST-À-DIRE ?
UN PRÊT CONTRE UN MOMENT "PASSÉ" ENSEMBLE...
BREF...
EN ÉCHANGE D'UN RAPPORT SEXUEL.

!
CE... ÇA EXISTE ?!
C'EST MÊME COURANT ...
UNE VÉRITABLE ÉPIDÉMIE, À L'HEURE ACTUELLE !
LA CRISE DU COVID A FRAPPÉ DE PLEIN FOUET LES CATÉGORIES LES PLUS PRÉCAIRES...
FERMETURE TEMPORAIRE LE MAGASIN SERA FERMÉ À CAUSE DU COVID
EN PARTICULIER LES MÈRES CÉLIBATAIRES ET LES FEMMES QUI ENCHAÎNAIENT LES CDD.
LES FORUMS QUI PRÉTENDENT LES AIDER ONT POUSSÉ COMME DES CHAMPIGNONS...
JE TE MONTRE ?
CHAQUE POST MARQUÉ DU HASHTAG "UN MOMENT"...
EST UNE DEMANDE DE CRÉDIT PASSAGER.
TOKYO
JE PRÊTE JUSQU'À 200 000
À DES FEMMES DE MOINS DE 4
#BESOINDARGENT
#UNMOMENT #FAITESMOICR
#CRÉDITPASSAGER
TOKYO HOMME 35 ANS
JE PRÊTE JUSQU'À 150 000
À DES FEMMES JUSQU'À 3
QUI VIVENT DANS LES 23 A
EN PERSONNE UNIQUEMENT
REMBOURSEMENT À DISCUT
#UNMOMENT #CRÉDITPASSAG
#BESOINDARGENT #JAIBESOIN
CHIBA HOMME 40 ANS
JE PRÊTE JUSQU'À 300 000 YENS
À DES FEMMES ENTRE 20 ET 40 ANS QUI
#BESOINDARGENT
#UNMOMENT #CRÉDITPASSAGER #JAI
#FAITESMOICRÉDIT #JAIBESOINDARG
SAITAMA HOMME LA TRENTAINE
JE PRÊTE JUSQU'À 200 000 YENS
#UNMOMENT #CRÉDITPASSAGER #
#FAITESMOICRÉDIT #JAIBESOINDA
QUOIII ?!
PRO-FES-SEUR !
BIP

C'ÉTAIT BIEN...
CE QUE JE CRAIGNAIS.
HEIN ?!
ELLE A PRIS RENDEZ-VOUS POUR UN CRÉDIT PASSAGER AVEC UN CERTAIN "ZAGREB".
S'IL VOUS PLAÎT, PROFESSEUR KAMO !
SAUVEZ HONOKA !
POF
POF
POF
DU CALME...

ENFIN...
TU ME VOIS RESTER LES BRAS CROISÉS ?!
PROFESSEUR...
OUF !
LE PROFESSEUR KAMO A SAUVÉ HONOKA EN LUI PRÊTANT 200 000 YENS, SANS INTÉRÊT...
EH NON. ÇA, C'EST CE QUE J'AI D'ABORD BÊTEMENT IMAGINÉ.

J'AVAIS OUBLIÉ UN DÉTAIL CRUCIAL…
CET HOMME EST AUSSI DINGUE QU'IL EST GÉNIAL.
GOMEN RIDER
ZÉRO SHOW
LOTERIE
AVRIL (SAMEDI)
14H00
17H00
DU PARC
SUD
HI HI HI, ÇA DEVIENT INTÉRESSANT !
UN FLYER !
DONNE-MOI UN FLYER !
ALLEZ, QUOI, MONSIEUR !

UNE SEMAINE PLUS TARD ...
...
MISAKI M'A RACONTÉ...
QUE VOTRE EX-MARI ÉTAIT VIOLENT, ET...
QU'IL NE PAYE PAS LA PENSION ALIMENTAIRE.
DONC ...
VOUS VOUS ÊTES RACCROCHÉE À CE TYPE DE CRÉDIT...
CE N'EST PAS GRAVE.
UNE FILLE COMME MOI...
NE MÉRITE PAS MIEUX...
VOUS AVEZ RENDEZ-VOUS AVEC ZAGREB AUJOURD'HUI ?
C'EST ÇA.
INUTILE DE VOUS Y RENDRE.
QUOI ?!
MAIS IL LE FAUT !
J'AI 100 000 YENS À PAYER, DEMAIN !
BAM
PAS DE SOUCI...
MISAKI S'OCCUPE DE TOUT !
?!

ELLE VA RENCONTRER ZAGREB À VOTRE PLACE...
...
ET S'ARRANGERA POUR LUI SOUTIRER CETTE SOMME !
OREILLETTES + MICRO MINIATURE DANS SA BOUCLE D'OREILLE.
HEIIIN ?!
MAIS...
CE N'EST PAS SON PROBLÈME À ELLE...
LAISSEZ !
ELLE NE VOUS A PAS DIT QU'ELLE ÉTUDIAIT L'ÉCONOMIE ?
CAMÉRA INSTALLÉE DANS LE CAFÉ
OR...
RIEN DE MIEUX QUE LE TERRAIN POUR APPRENDRE !
ALORS, MISAKI...
FAIS-TOI PASSER POUR HONOKA ET ACCOMPLIS TA MISSION !
OUI...
POURRI DE PROF, VA !

IL SE CROIT À FOND...
Mission : emprunter de l'argent à Zagreb sans crédit passager
① Taux d'intérêt de 20% sans crédit passager ... 10P
② Taux d'intérêt jusqu'à 19,9% sans crédit passager... 50P
③ Taux d'intérêt 0 sans crédit passager... 500P
④ Crédit passager ou refus de prêt ... 0P
DANS UN JEU !
PUISQUE C'EST COMME ÇA...
JE GAGNERAI CE PRÊT, ET SANS CONTREPARTIE EN NATURE !
CRR
LE VOILÀ !!

BONJOUR ...
JE SUIS ZAGREB.
AH... JE... EUH...
JE SUIS "S"...
MISAKI NATORI.
HO HOOO !!

LA PLUPART DES MEUFS DU FORUM SONT VIEILLES, GROSSES OU MOCHES...
AUJOURD'HUI, J'AI DROIT AU HAUT DU PANIER !
ZIEUTE ZIEUTE
ZIEUTE
ZIEUTE
ZIEUTE ZIEUTE
ZIEUTE
AH...
DU COUP...
JE FERAI UN TAUX D'INTÉRÊT D'AMI.
OH LÀ LÀ !
L'ARCHÉTYPE DU GROS PORC !
...
ALORS ?!
À TRAVERS L'ÉCRAN, VOUS LE TROUVEZ RÉPUGNANT ?
MAIS ÉTRANGEMENT, SI VOUS ÉTIEZ ASSISE EN FACE DE LUI, DÉSESPÉRÉE, MÊME CETTE LIMACE AURAIT LE VISAGE DU MESSIE.
...
ALORS, LA RECONNAISSANCE DE DETTE...
EUH...
AVANT...

VOUS VOULEZ BIEN...
ÉCOUTER MON HISTOIRE ?
HEIN ?
J'AI...
J'AI ÉPOUSÉ UN HOMME QUE J'AIMAIS.
!
PAR-DON ?!
QU'EST-CE QU'ELLE RACONTE ? MISAKI EST CÉLIBATAIRE !
HA HA HA ! ELLE SUIT LE PLAN !
ELLE VA LUI RACONTER VOTRE VIE ...
POUR L'ATTEN-DRIR.
MARIÉE, SI JEUNE ?
PILE DANS MES GOÛTS ! ♡
MAIS IL S'EST MIS À ME BATTRE TOUS LES JOURS...
IL M'A FRAPPÉE MÊME ENCEINTE, JUSQU'À ÉVANOUIS-SEMENT.
IL N'ÉTAIT PAS QUESTION QU'IL TOUCHE À MON ENFANT, ALORS...
J'AI DIVORCÉ AU PRINTEMPS DERNIER.

MAIS, DÉSORMAIS JE VIS UN AUTRE ENFER.
...
IL N'A PAYÉ QUE LES DEUX PREMIERS MOIS DE PENSION ALIMENTAIRE.
DEPUIS, JE TRAVAILLE COMME UNE FOLLE...
JE CUMULE TROIS PETITS BOULOTS ET JE NE DORS QUE TROIS HEURES PAR NUIT...
POURTANT, LES FRAIS DE GARDE ENGLOUTISSENT LA TOTALITÉ DE MON REVENU.
LE PLUS DUR, C'EST LE REGARD DES AUTRES...
ILS ME REPROCHENT D'AVOIR DIVORCÉ ALORS QUE J'AVAIS UN ENFANT, OU DE L'AVOIR BIEN CHERCHÉ...
JE SUIS À BOUT DEPUIS LONGTEMPS ...
PAR CONTRE ...
J'AI REFUSÉ QUE MON FILS SOIT MALHEUREUX UNE SEULE SECONDE !
JE N'AI JAMAIS FAILLI À MES DEVOIRS DE MÈRE.
!
HA HA !
C'EST VRAI ! MISAKI N'EN REVENAIT PAS !
EN ARRIVANT CHEZ VOUS, CE MATIN, ELLE A TROUVÉ UNE ENTRÉE IMPEC. VOTRE FILS LUI A OUVERT DANS UN T-SHIRT TOUT PROPRE, ET...
IL LUI A MONTRÉ FIÈREMENT SON JOLI BENTO FAIT MAISON.
SELON ELLE, VOUS ÊTES UNE MÈRE PARFAITE.
...

L'AUTRE JOUR…
DANS LE CADRE D'UN TRAVAIL DE TERRAIN, J'AI DISTRIBUÉ DES FLYERS.
VOUS ALLEZ ME DEMANDER, QUEL RAPPORT AVEC MES RECHERCHES ?
IL Y EN A UN !
LES ÉCONOMISTES ONT TENDANCE À VOIR LE MONDE À TRAVERS DES CALCULS…
…
ILS N'EN ONT DONC QU'UNE IMAGE PARTIELLE.
PENDANT CETTE DISTRIBUTION…
J'AI PU OBSERVER LES PASSANTS DE PRÈS…
LEUR AIR CONTENT…
OU SOUCIEUX…
OU ÉNERVÉ.
L'ÉCONOMIE COMMENCE QUAND ON COMPREND L'HUMAIN.
TOUT À L'HEURE, VOUS AVEZ DIT QUE VOUS NE MÉRITIEZ PAS MIEUX.
QU'EN EST-IL…
MAINTENANT QUE VOUS ENTENDEZ VOTRE HISTOIRE D'UN POINT DE VUE EXTÉRIEUR ?

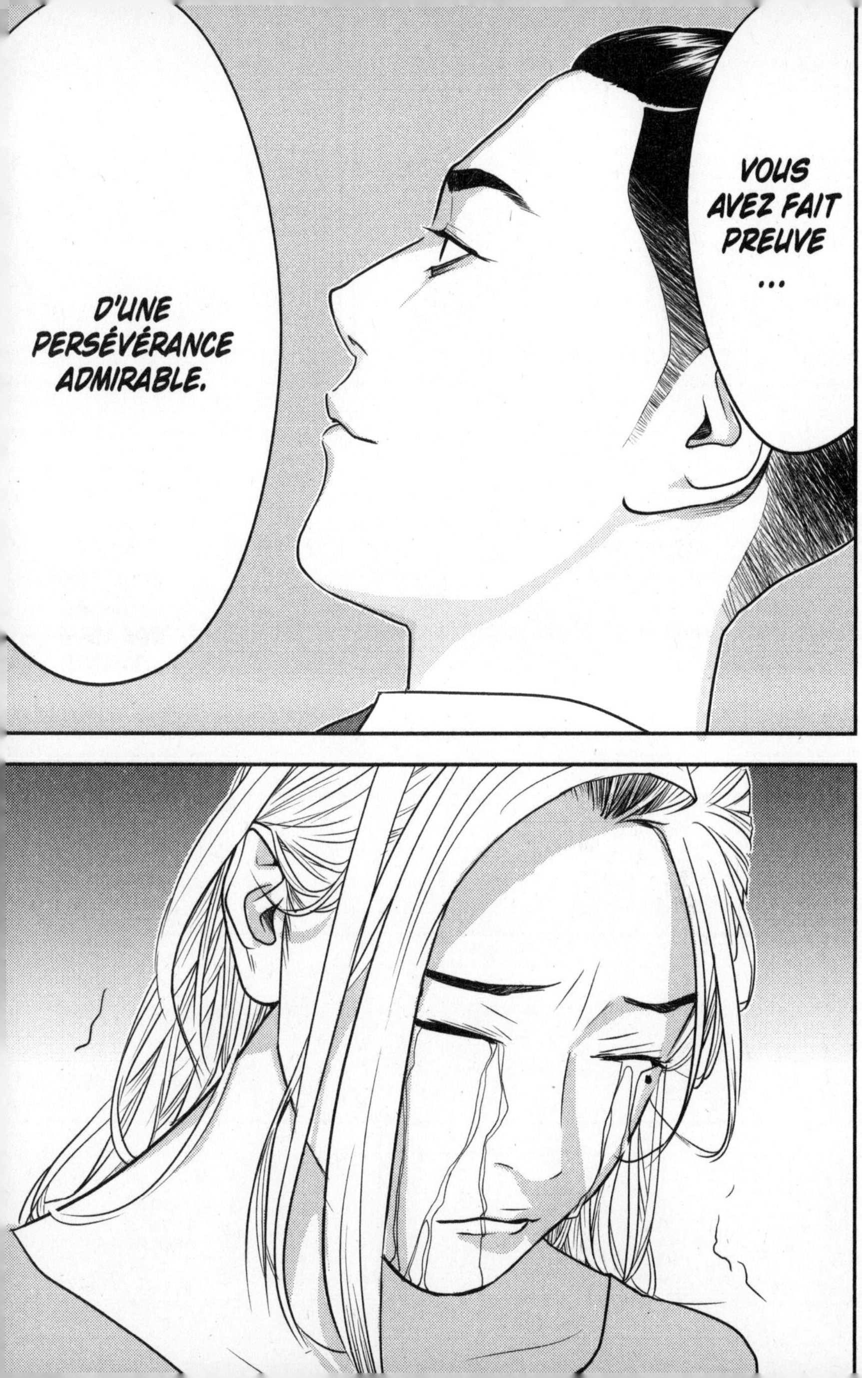
VOUS AVEZ FAIT PREUVE ...
D'UNE PERSÉVÉRANCE ADMIRABLE.

SEULEMENT, LA CRISE DU COVID A ÉTÉ LA GOUTTE D'EAU...
LES CDD COMME MOI ONT FAIT PARTIE DE LA PREMIÈRE CHARRETTE...
JE ME SUIS RETROUVÉE LA TÊTE SOUS L'EAU...
ET LE CRÉDIT PAR CARTE BANCAIRE A SES LIMITES, MAIS...
...
LE BOUT DU TUNNEL EST PROCHE...
JE NE SUIS PAS LOIN DE DÉCROCHER UN NOUVEAU TRAVAIL.
ALORS...
JE PAIERAI TOUS LES INTÉRÊTS QUE VOUS VOUDREZ, MAIS...
JE VOUS EN PRIE...
PRÊTEZ-MOI CET ARGENT SANS CONTREPARTIE EN NATURE !
TU EN AS VU DE TOUTES LES COULEURS.
BON...

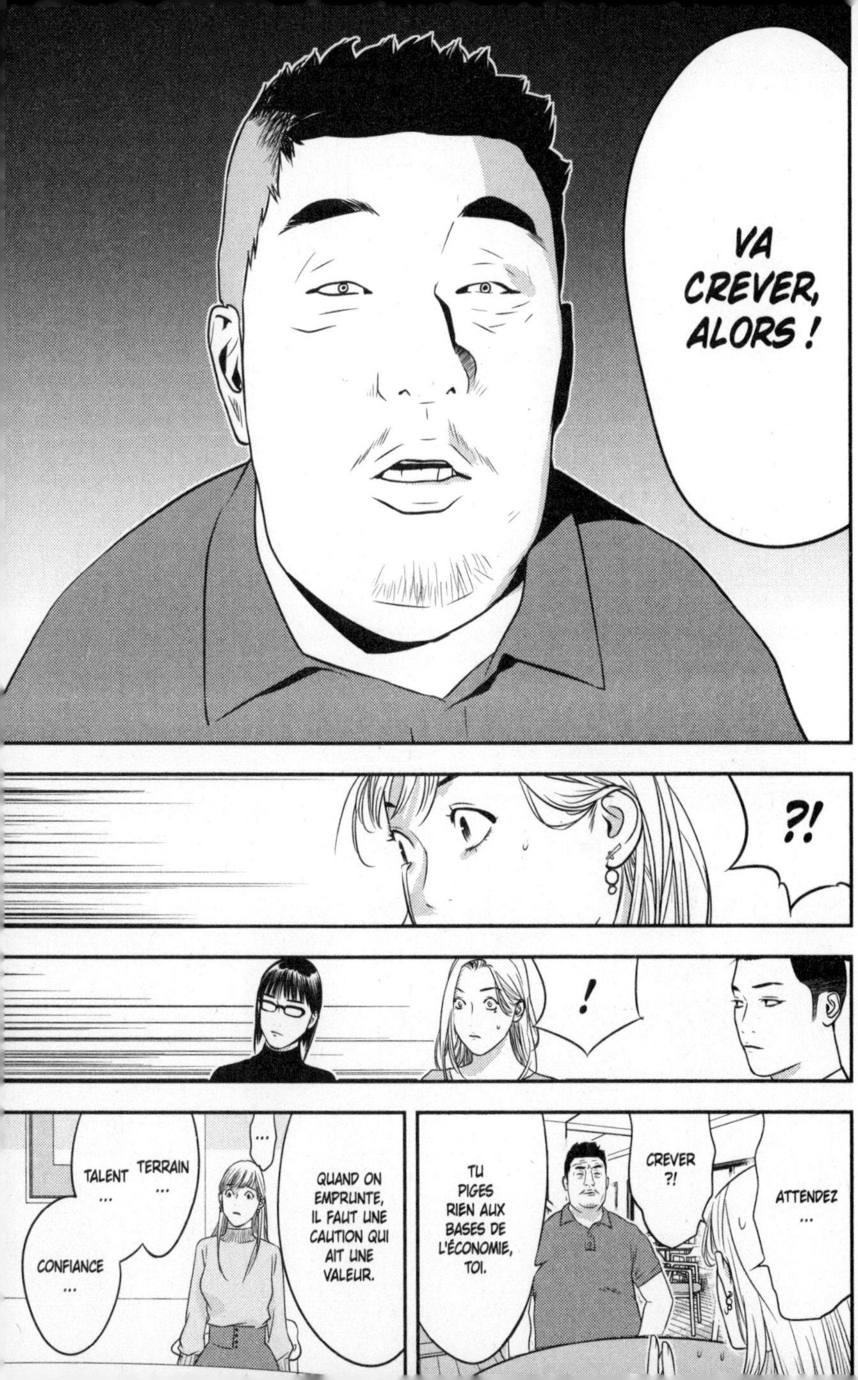
VA CREVER, ALORS !
?!
!
ATTENDEZ ...
CREVER ?!
TU PIGES RIEN AUX BASES DE L'ÉCONOMIE, TOI.
QUAND ON EMPRUNTE, IL FAUT UNE CAUTION QUI AIT UNE VALEUR.
...
TERRAIN ...
TALENT ...
CONFIANCE ...

À L'HEURE ACTUELLE ...
TOI, TU N'AS QUE TON CORPS.

ALLEZ ...
JE M'ARRA-CHE.
TU CRÈVES LA GUEULE OUVERTE ...
OU TU M'ACCOMPAGNES À L'HÔTEL ?
DÉCIDE-TOI MAINTENANT !
...
JE VOUS SUIS.
MAIS NON, ENFIN !
MISAKI ! NE FAIS PAS ÇA !
RASSU-REZ-VOUS.
IL NE LA TOUCHERA PAS.
!

ON A PRÉVU ...
UN PLAN B.
HOTEL DUET
CLAC
...
VA PRENDRE UNE DOUCHE !
...
D'ACCORD.
TCHIC

PSCHHHTTTT
PSCHHHTTT
CRR
CRR
CRR
TAC
TAC
?!
TAC
TAC
QU'EST-CE...
QU'ON ENTEND ?
TAC
TAC
MISAKI NATORI
MICRO MINIATURISÉ
BOUCLE D'OREILLE
DITES...
VOUS SAVEZ...
D'OÙ VIENNENT CES BRUITS ?

TYPIQUE...
IL A RÉSERVÉ LA CHAMBRE EN AVANCE POUR Y PLACER DES CAMÉRAS.
!
CE GENRE DE POURRI...
NE SE CONTENTE PAS D'UN OU DEUX RAPPORTS SEXUELS.
IL MENACE SES VICTIMES DE DIFFUSER LES VIDÉOS...
POUR QU'ELLES CONTINUENT DE COUCHER AVEC LUI.
POF
PAS ... PAS SI VITE !
ZAM

VOUS AUSSI...
PRENEZ UNE DOUCHE !
OU...
OUAIS... O.K...
MISAKI ... NE RISQUE RIEN ?
AYEZ CON-FIANCE !!
PSCHHTT
HÉ HÉ HÉ...
LA NUIT S'ANNONCE AUSSI BONNE QU'ELLE !
PSCHHHTT
CLAC

NE REGARDEZ PAS !
HÉ HÉ...
D'ACCORD !

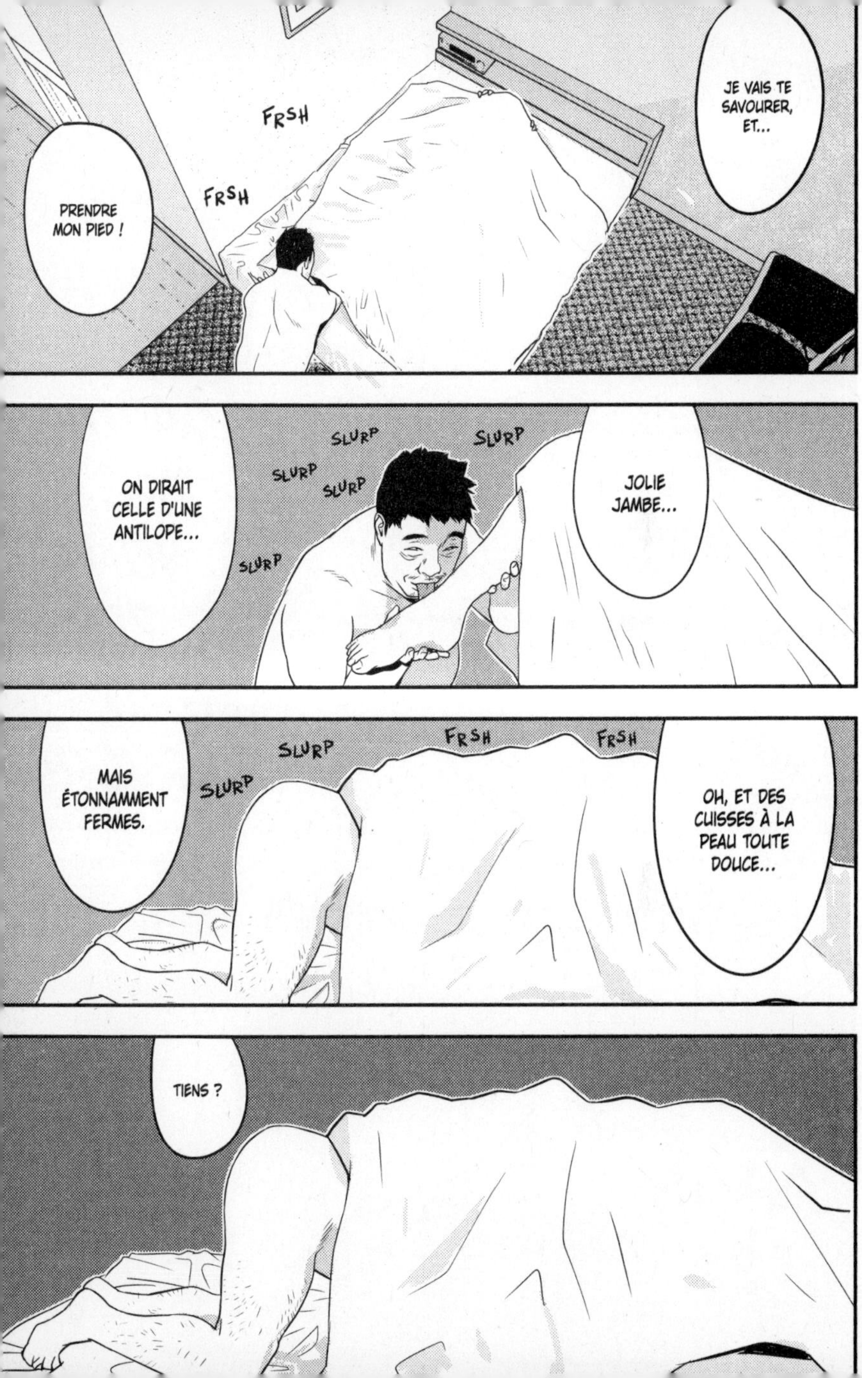
JE VAIS TE SAVOURER, ET…
FRSH
FRSH
PRENDRE MON PIED !
JOLIE JAMBE…
SLURP
SLURP
SLURP
SLURP
SLURP
ON DIRAIT CELLE D'UNE ANTILOPE…
OH, ET DES CUISSES À LA PEAU TOUTE DOUCE…
FRSH
FRSH
SLURP
SLURP
MAIS ÉTONNAMMENT FERMES.
TIENS ?

FLAAAP
ÇA VA PAS, NON ?! GROS PERVERS !!
AAAH ?!

*NDE : *NOT GOOD*. ABRÉVIATION DE CENSURE.

LE PROFESSEUR A PRIS LA PLACE DE MISAKI…
IN
PENDANT QUE CE PERVERS PÉPÈRE ÉTAIT SOUS LA DOUCHE.
OUT
COMMENT ÇA ?
IL ÉTAIT ENCORE AVEC NOUS IL Y A À PEINE UNE MINUTE !
TOUT À FAIT.
SAUF QUE CE BUREAU SE SITUE EN FACE DE LA CHAMBRE QUE ZAGREB A LOUÉE.
VOUS ÊTES ICI
EV
BUREAU
LINGERIE
210 209 208 207 206 205
CHAMBRE LOUÉE PAR ZAGREB
QUOI-!!!!!!!!-!!!!!!!!-!!!!!!!!-!!!!!!!!-!!!!!!!!-!!!!!!!!-!!!!!!!!-!!!!!!!!-!!!!!!-?!

J'ÉTAIS PERSUADÉE DE ME TROUVER DANS CELUI DU PROFESSEUR, À L'UNIVERSITÉ !
ON EST À L'HÔTEL ? C'EST FOU...
HA HA HA !
VOUS N'AVEZ RIEN REMARQUÉ, CAR ON EST MONTÉS PAR L'ESCALIER DE SECOURS.
VOUS VOULEZ DIRE QU'IL A LOUÉ L'ÉTABLISSEMENT POUR LA JOURNÉE ?
MINUTE... LA DIRECTION LUI AURAIT LAISSÉ L'USAGE DE SON BUREAU ?
NON, C'EST POURQUOI...
IL A RACHETÉ L'HÔTEL !!
COMMEEENT ?!
ON A DÉCOUVERT QUE ZAGREB RÉSERVAIT TOUJOURS DANS CELUI-CI.
NON NON...
C'EST LE RACHAT...
QUI ME SURPREND !!
HONOKA, MINE DE RIEN...
KAMO EST "LE" GÉNIE DE L'ÉCONOMIE.

IL EST TELLEMENT GÉNIAL...
QU'IL GAGNE TOUJOURS PLUS D'ARGENT.
ACTUELLEMENT, SA FORTUNE DÉPASSE MILLE MILLIARDS DE YENS...
MI... MILLE ...
MILLIARDS ?!
OR, IL N'Y A PAS PIRE CHOIX ÉCONOMIQUE QUE DE LAISSER UNE GROSSE FORTUNE DORMIR AU LIEU DE LA FAIRE CIRCULER.
LE PROFESSEUR DOIT DONC LA DÉPENSER...
PROBLÈME, IL N'EST PAS DU TOUT MATÉRIALISTE...
PAR CONSÉ-QUENT...

IL L'INVESTIT SANS COMPTER...
DANS SES TRAVAUX DE TERRAIN CHÉRIS ADORÉS !!
IL...
NE VA PAS TROP LOIN...
DANS LA DÉME-SURE ?
L'HOR-REUR ...
J'AI LÉCHÉ SON ***...
AU SECOURS !!
IL M'A VIOLÉ !
NG
BEUAAARGH...
LA FERME, TU VAS ATTIRER DU MONDE, ET...
CAUSER TOUT UN MALEN-TENDU !
UN MALEN-TENDU ?

QUEL MALENTENDU ?!
LA CAMÉRA INSTALLÉE PAR TES SOINS A FILMÉ TOUTES LES PREUVES.
BOÎTE À L'APPARENCE D'UN APPAREIL DE CLIMATISATION
ON TE VOIT PARFAITEMENT …
EN TRAIN DE LÉCHER MON ***…
C'EST ASSEZ POUR ÉTABLIR LE VIOL, TU SAIS ?
…

AH, J'AI COMPRIS.
CETTE MISAKI NATORI EST UNE AMIE À TOI, HEIN ?
D'ACCORD D'ACCORD…
JE PROMETS DE LA LAISSER TRANQUILLE !
BAD
QUOI ?!
TU N'AS RIEN COMPRIS DUUU TOUT.
JE ME CASSE AVEC LA CAMÉRA !
NON, ATTENDS !!
QU'EST-CE QUE TU VEUX ?!
DES AVEUX CONTENANT LA LISTE COMPLÈTE DES FEMMES AVEC QUI LE "CRÉDIT PASSAGER" DURE, ET…
UN RENONCEMENT ÉCRIT AU REMBOURSEMENT DE LEUR DETTE.
…

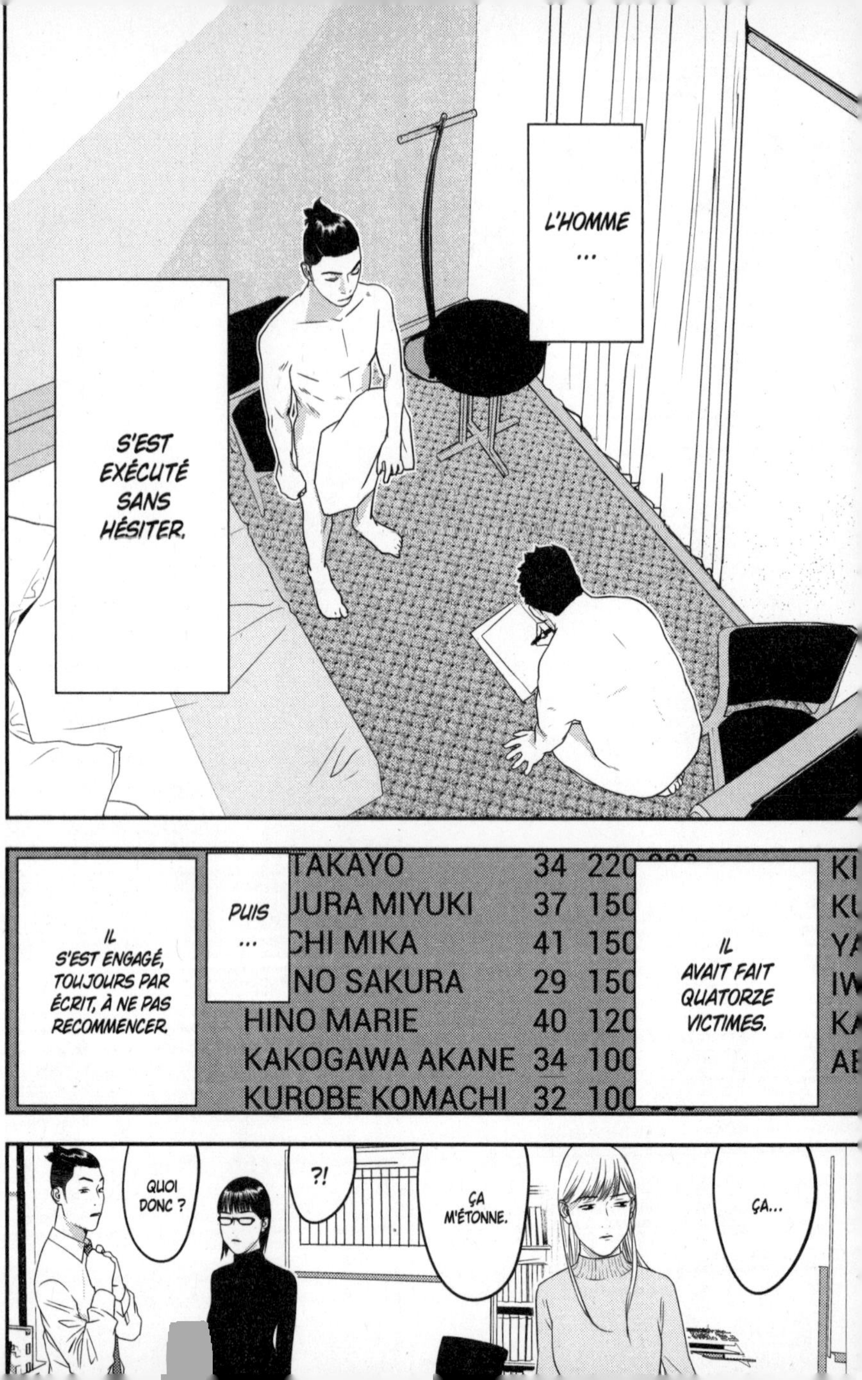

L'HOMME ...
S'EST EXÉCUTÉ SANS HÉSITER.
IL AVAIT FAIT QUATORZE VICTIMES.
PUIS ...
IL S'EST ENGAGÉ, TOUJOURS PAR ÉCRIT, À NE PAS RECOMMENCER.
TAKAYO 34 220
HINO MARIE 40 120
KAKOGAWA AKANE 34 100
KUROBE KOMACHI 32 100
ÇA...
ÇA M'ÉTONNE.
?!
QUOI DONC ?

QU'IL AIT CÉDÉ TOUT DE SUITE...
JE M'ATTENDAIS À PLUS DE RÉSISTANCE DE SA PART.
TU AS LÀ, UN EXEMPLE PARFAIT DE CHOIX INTERTEMPOREL.
?!
IL A JUGÉ QU'IL ÉTAIT DANS SON INTÉRÊT DE SE DÉBARRASSER DE MOI MAINTENANT...
PLUTÔT QUE DE POURSUIVRE CES QUATORZE RELATIONS AVEC UN CASSE-PIEDS PAREIL SUR LE DOS.
...
JE VOIS.
VOUS AVEZ L'AIR DE CROIRE À UN SUCCÈS TOTAL, MAIS VOUS OUBLIEZ UN DÉTAIL ESSENTIEL...
ON N'A PAS PU OBTENIR LES 100 000 YENS POUR HONOKA.
LAISSE, MISAKI...

À CE PROPOS...
FRATCH
FRATCH
VOICI UN MILLION DE YENS...
ACCEPTEZ-LES.
!
UN MILLION...
ENFIN, VOUS ÊTES DISPOSÉ À LES LUI PRÊTER !
PAAAS DU TOUT !
CET ARGENT NE VIENT PAS DU "PROFESSEUR", MAIS...
DU "PROPRIÉTAIRE".

J'AIMERAIS VOUS EMBAUCHER DANS CET HÔTEL !
PRO-FES-SEUR ...
CETTE SOMME CONSTITUERA ALORS UNE PRIME DE BIENVENUE, QUE VOUS N'AUREZ PAS À REMBOURSER.
S'IL VOUS PLAÎT, TRAVAILLEZ POUR MOI...
...
ET AMÉLIOREZ LE STANDING DE CET ÉTABLISSEMENT !

UNE MÈRE AUSSI PARFAITE QUE VOUS...
RÉUSSIRA FORCÉMENT !!
CAR...
...
VOUS AVEZ DE LA VALEUR ET DU POTENTIEL !!

COMME LE PROFESSEUR L'AVAIT PRÉDIT, SON HÔTEL MARCHA INFINIMENT MIEUX PAR LA SUITE…
UNIQUEMENT…
GRÂCE À HONOKA, ET…
AUX AUTRES MÈRES CÉLIBATAIRES BRILLANTES QU'IL AVAIT ENGAGÉES APRÈS ELLE.
AH, AU FAIT…
L'AFFAIRE ZAGREB N'ÉTAIT PAS TERMINÉE.
LE LENDEMAIN…
CAMPUS DE MITA
University of Tenpyo Mita Campus
Information
PROFESSEUR ?
QUOI DONC ?
PARMI LES PAPIERS QU'ON A CONFISQUÉS À ZAGREB, HIER…
CELUI-CI M'INTRIGUE !
?!

1 HOCHIIYOMAYAKA
KEITEIKISOKUMA
1932SHIMAHOBOHOTE0GEI092
90642513556789475661466
2 RISEHISUKORU
MUTOBISEKOWOKUN
7HI3HI
0154698523495784912468
3 RAPITEKERU
TAMODESAKOTEMETO
678SUKUUMOREO535
1248652349816502004534
4 SASHINAYAKO
KUBEGOGISHITAGABONEDOKA
4867HE7EODEGETOKOHOTA645
2354891202512456589745
5 NEGOZAKIHOWOSO
NAKINOKUSUNAHASHI
78HOOTSUBAMAKINU858
351897864872490423187
6 KUGESUGUSAJI
KOPAJIGESEHIYOSU
5MA5MA17
5189478460023165918256
YONOPITESHIJIPUN
QU'EST-CE QUE C'EST ?
EN TOUT CAS...
ÇA SENT LE KAMORISME À PLEIN NEZ !

?!
C'EST QUOI, CE TRUC ?
↑ 1 HOCHIIYOMAYAKA
KEITEIKISOKUMA
1932SHIMAHOBOHOTE0GEI0
906425135567894756614
↓ 2 RISEHISUKORU
MUTOBISEKOWOKUN
7HI3HI
01546985234957849
↓ 3 RAPITEKERU
TAMODESAKOTEMETO
678SUKUUMOREO535
124865234981650200
↓ 4 SASHINAYAKO
KUBEGOGISHITAGA
4867HE7EODEGETOKOHO
235489120251245658
↓ 5 NEGOZAKIHOWOSO
NAKINOKUSUNAHASHI
78HOOTSUBAMAKINU858
351897864872490423187
↓ 6 KUGESUGUSAJI
KOPAJIGESEHIYOSU
5MA5MA17
5189478460023165918256
↓ 7 KANOUSUGURI
YONOPITESHIJIPUN
4034RUBIJUSUJIBUN889
9486152130980154790523114
↑ 8 BUZOPONUSUSU
IBOSHIBOPOFUZO
90156KUNUPEIPIBI115
4895618025470192370915340
↓ 9 HERUNONSHISO
SAHASOJINAMOGETA
1ME2ME3
49805689401570806015348249
↑ 10 APAPIZAHETAMANI
BUHEAUISAPASO
1056SAPASOTABIKU
2e cours
ÇA PUE CETTE AFFAIRE...
TU AS UNE IDÉE, TOI ?
HEIN ?!
EUH, ALORS...
ON DIRAIT UN CLASSEMENT. ET, COMME IL Y A DES MONTÉES ET DES DESCENTES, UNE SORTE DE TOP 50 ?
↑ 1 HOCHIIYOMAYAKA
↓ 2 RISEHISUKORU
↓ 3 RAPITEKERU
↓ 4 SASHINAYAKO
QUELLE LANGUE ÇA PEUT ÊTRE ? ÇA NE RESSEMBLE NI À DE L'ANGLAIS NI À DU FRANÇAIS...
JE SAIS !

BIEN SÛR...
C'EST LE DERNIER TOP DES VENTES DE K-POP !
LAMENTABLE...
TU MÉRITES UN GROS ZÉRO.
...
PAS LA PEINE D'EN RAJOUTER !
DE QUOI S'AGIT-IL, ALORS ?
AVANT DE TE RÉPONDRE ...
J'AI UNE SOUDAINE ENVIE DE TRAVAIL DE TERRAIN !
IL NÉCESSITE DES PRÉPARATIFS. J'ANNULE MON COURS.
PASSE CE MESSAGE À MES ÉTUDIANTS !
TIENS !
MAIS ?!

2e cours
L'effet d'ancrage

QUOI ?!
IL ANNULE ENCORE ?!
...
EN GROS, LE PROF SÈCHE ?!
"COMBIEN VAUT NOTRE NOM" ?!
BLA
BEN, QUE DALLE !
GRR
IL SE FOUT DE NOUS, C'EST CLAIR !
BLA BLA
GRR
OUI OUI...
C'EST PAS COMME SI ON ÉTAIT CÉLÈBRES !
GRR
GRR
BLA
SUJET
JE SUIS BIEN D'ACCORD...
BLA BLA
GRR
...
GRR
TIENS ?!
SUJET
"COMBIEN VAUT

COMMENT LES ÉTUDIANTS ...
PROFESSEUR YOHEI KAMO
ONT RÉAGI ?
ILS ONT BEAUCOUP RÂLÉ !
CERTAINS ONT PARLÉ DE "FOUTAGE DE GUEULE", CAR...
SELON EUX, LEUR NOM NE VAUT RIEN.
ÇA, C'EST UN A PRIORI, OR...
LE B.A.-BA DE L'ÉCONOMIE COMPORTEMENTALE CONSISTE À REMETTRE EN QUESTIONS LES A PRIORI.
CHEZ MOI, PAR CONTRE, UN DÉTAIL A FAIT TILT.
AH ?
IL N'Y AURAIT PAS UN RAPPORT ...
ENTRE CE DEVOIR ET LE PAPIER DE ZAGREB ?
CRR
QUELLE PERSPI-CACITÉ !
J'AI RAISON ?!
ALORS, TU SAIS CE QUE SIGNIFIE CE PAPIER ?

BIEN SÛR...
C'EST LE DERNIER BOX-OFFICE DE BOLLYWOOD !
HOU !
TU MÉRITES UN ÉNORME ZÉRO !
MISAKI...
TU ES PRISONNIÈRE D'UN EFFET D'ANCRAGE.
UN QUOI ?
CE TERME...
ISSU DE L'ÉCONOMIE COMPORTEMENTALE, FAIT RÉFÉRENCE À L'ANCRE D'UN NAVIRE.

UNE FOIS ANCRÉ, UN BATEAU NE PEUT PLUS SE DÉPLACER QUE SUR UNE ZONE MINUSCULE, PAS VRAI ?
DE LA MÊME FAÇON, DES INFORMATIONS REÇUES AU PRÉALABLE ET AUTRES IDÉES PRÉCONÇUES LIMITENT LE JUGEMENT… D'OÙ CETTE IMAGE.
CE FORMAT EST BIEN PENSÉ…
GRÂCE AUX FLÈCHES À CÔTÉ DES CHIFFRES DE UN À DIX…
N'IMPORTE QUI, À LA VUE DE CE PAPIER, PRÉSUMERAIT AVOIR AFFAIRE À UN CLASSEMENT.
OR, CE N'EST PAS LE CAS…
IL S'AGIT D'UN TEXTE EN JAPONAIS !
QUOIII ?!

*NDT : SYLLABAIRE OÙ LES 50 SONS OU "KANA" SONT CLASSÉS DANS UN ORDRE BIEN PRÉCIS. ÉQUIVALENT À NOTRE ALPHABET.

ÇA FAIT APPARAÎTRE ...
MIYUKI MATSUURA
1 HOCHIIYOMAYAKA
SAKURA YOSHINO
2 RISEHISUKORU
TAKAYO YABE
3 RAPITEKERU
MIKA KIKUCHI
4 SASHINAYAKO
DES NOMS ET DES ADRESSES EN JAPONAIS ?!
EN FAIT, C'EST UNE LISTE !
SANS DOUTE.
TIENS ? CES NOMS ME DISENT QUELQUE CHOSE...
MIYUKI MATSUURA, SAKURA YOSHINO... TIENS ?
!

TAKAYO YABE, MIYUKI MATSUURA, MIKA KIKUCHI, MARIE HINO, SAKURA YOSHINO, AKANE KAKO-GAWA, KOMACHI KUROBE, KOMACHI KUROBE, HIROMI KITA, SANAE KUSHIDA, ROZA IWAKI, SUGURI KANOU, MANANA MABUKU, AYANA KOMAKI...
ILS FIGURAIENT PARMI CEUX DES QUATORZE FEMMES...
QUE ZAGREB FAISAIT CHANTER AVEC LE "CRÉDIT PASSAGER" ?!
J'EN CONCLUS QUE ZAGREB S'EST PROCURÉ, AUPRÈS D'UN COURTIER EN DONNÉES...
UNE LISTE DE *"FEMMES DE MOINS DE 30 ANS VULNÉRABLES À CE TYPE DE CRÉDIT"*...
LES SÉRIES DE CHIFFRES DOIVENT CORRESPONDRE À LEUR TÉLÉPHONE OU PSEUDOS SUR LES RÉSEAUX SOCIAUX...
IL L'A ÉDITÉE SOUS FORME DE CLASSEMENT POUR LA DISSIMULER ?
JE PENSE.

SUR INTERNET, LA COMPÉTITION EN MATIÈRE DE CRÉDIT PASSAGER FAIT RAGE…
IL EST PLUS SIMPLE DE PASSER PAR UNE FILIÈRE DE CONFIANCE POUR AVOIR UNE LISTE DE CELLES QUI RÉPONDENT AUX CRITÈRES DÉSIRÉS.
LA PREUVE, SUR LES DIX FEMMES DE CETTE LISTE…
SEPT SONT TOMBÉES DANS LES GRIFFES DE ZAGREB.
SEPT SUR DIX ?!
CE COURTIER EN DONNÉES EST EXTRÊMEMENT DOUÉ, CAR…
DANS CE MILIEU, LA QUALITÉ COMPTE BIEN PLUS QUE LA QUANTITÉ.
JE SUIS ALLÉE INTERROGER ZAGREB SUR CETTE LISTE.
IL A ACHETÉ CES DIX NOMS POUR 20 000 YENS.
DANS L'OPTIQUE DU DEVOIR QUE VOUS AVEZ DONNÉ…
CHACUN DE CES NOMS EN VAUT DONC 2 000.

C'EST HALLU-CINANT…
DES INFORMATIONS PERSONNELLES D'ANONYMES…
SE NÉGOCIENT 2 000 YENS PAR INDIVIDU ?
CE N'EST PAS ILLÉGAL ?
PAS SI LA PERSONNE CONCERNÉE CONSENT AU PARTAGE DE SES DONNÉES…
TANT QUE LES COURTIERS RESPECTENT CETTE RÈGLE, VENDRE CES LISTES N'EST PAS UN DÉLIT EN SOI.
CEPENDANT, DANS CE CAS PRÉCIS, LES DONNÉES SONT CRYPTÉES, ET…
SONT UTILISÉES À DES FINS DE CRÉDIT PASSAGER …
ON EST DANS UNE ZONE GRISE, INFINIMENT PROCHE DU NOIR.

ON POURRAIT IDENTIFIER LE COURTIER, VOUS PENSEZ ?!
ON A UNE PISTE.
ON A AUSSI INTERROGÉ LES FEMMES DE LA LISTE…
ON A APPRIS QU'ELLES AVAIENT TOUTES REÇU DES BENTOS GRATUITS D'UNE ASSOCIATION, ET…
QU'ELLES AVAIENT, À CETTE OCCASION, REMPLI UN FORMULAIRE AVEC LEURS INFORMATIONS PERSONNELLES.
ENQUÊTE
NOM Marie Hino SEXE F ÂGE 37
ADRESSE Tokyo, Edogawa, Otsuji 3-7-1
TÉLÉPHONE
PROFESSION
STRUCTURE FAMILIALE 2 garçons (CE2, maternelle)
REVENUS DU FOYER
Entre 2,01 et 3 millions
Entre 4,01 et 5 millions
Entre 7,01 et 10 millions
> 10 millions
Êtes-vous mécontent du plan Covid de l'État ?
Depuis le Covid, votre vie a
UNE ASSOCE SERAIT POURRIE ?!
"LES ASSOCIATIONS ŒUVRENT SYSTÉMATIQUEMENT POUR LE BIEN"…
CE PRÉJUGÉ EST L'ANCRE EMPLOYÉE ICI.
LES GENS OUBLIENT QUE DES BREBIS GALEUSES, PARMI ELLES, ONT DÉJÀ SERVI DE PARAVENT À DES ACTIVITÉS CRIMINELLES.

C'EST IGNOBLE !
POUR LES VICTIMES, MAIS AUSSI ...
POUR LES PERSONNES HONNÊTES DU MONDE ASSOCIATIF !!
BAM
ÇA T'INTÉRESSERAIT D'ALLER VOIR À QUOI RESSEMBLE CE GROUPE...
DANS LE CADRE D'UN TRAVAIL DE TERRAIN ?
ÇA OUI !
EMMENEZ-MOI !

OIOI GROUP
SOS MÈRES SEULES
DISTRIBUTION DE BENTOS GRATUITS DE L'ASSOCIATION SOS MÈRES SEULES
C'EST ICI ?
OUI...
SOS MÈRES SEULES EST UNE O.N.G...
QUI ORGANISE DES DISTRIBUTIONS DE BENTOS GRATUITS POUR LES MÈRES CÉLIBATAIRES.
DONC, ON VA SE PRÉSENTER SOUS CE JOUR !
JOUE LA COMÉDIE !
PAS DE SOUCI DE MON CÔTÉ...

*SOS MÈRES SEULES.

ENQUÊTE
ÂGE
NOM
ADRESSE
TÉLÉPHONE
PROFESSION
STRUCTURE FAMILIALE
REVENUS DU FOYER
< 1 million
Entre 1,01 et 3 millions
Entre 2,01 et 3 millions
Entre 3,01 et 4 millions
Entre 4,01 et 5 millions
Entre 5,01 et 7 millions
Entre 7,01 et 10 millions
> 10 millions
Êtes-vous mécontent du plan Covid de l'État ?
Oui Un peu Pas tellement Pas du tout
N'a pas changé S'est amélioré
Empiré Un peu empiré N'a pas changé S'est amélioré
AVANT DE LES RÉCUPÉRER, VEUILLEZ REMPLIR CE FORMULAIRE D'ENQUÊTE !
VOILÀ L'OBJET DU DÉLIT...
COMMENT JE LE REMPLIS ?
TU N'AS QU'À ÉCRIRE N'IMPORTE QUOI...
SURTOUT, NE DONNE PAS DE VRAIES INFOS !
QUEL DRÔLE DE NOM, TAKASE...
ÇA FAIT ACTRICE DE COMÉDIE MUSICALE !!
ET ALORS, OÙ EST LE SOUCI ?
NOM Sekka Ryugetsu
ADRESSE Tokyo
NOM Hibari Kamotsu
ADRESSE TOKYO
TÉLÉPHONE 03-32
PROFESSION Travaille dans la restauration
STRUCTURE FAMILIALE 5 enfants
REVENUS DU FOYER < 1 million
PROFESSEUR, VOUS PRÉTENDEZ AVOIR CINQ ENFANTS ?!
COMME ÇA, J'AURAI À MANGER POUR SIX !
OH, LE RAPIAT !
VOUS AVEZ TERMINÉ ?
OUI, TENEZ !

ZAM
HUM…
HIKARU SHIMIZU
EMPLOYÉ DE L'ASSOCIATION
ZAM
JE VOIS, JE VOIS…
ZAM
SCRITCH SCRITCH
IL ÉCRIT DES NOTES SUR NOS FORMULAIRES.
UNE ÉVALUATION PHYSIQUE, SÛREMENT…
GENRE, ALLURE 8/10, VISAGE 7/10…
NON MAIS ! PUNAISE !
OH !
TIP
LÀ-BAS !
ZIEUTE
OÙ ÇA ?!
ARGH !
IL M'A TAILLÉ !
Rang E
Visage : traits masculins
Allure : gaulée comme un mec
Pour les amateurs uniquement
ENQU
NOM
Hibari Kamotsu
SEXE
ADRESSE
TOKYO, MINATO
TÉLÉPHONE
03-3232
PROFESSION
Travaille dans la restauration
STRUCTURE FAMILIALE
5 enfants (3 fils, 2 filles)
REVENUS DU FOYER
< 1 million
Entre 1,01 et 3 millions
Entre 2,01 et 3 millions
Entre 3,01 et 4 millions
Entre 4,01 et 5 millions
Entre 5,01 et 7 millions

ALORS…
J'AI JETÉ UN ŒIL À VOS FORMULAIRES…
VOUS ÊTES VRAIMENT RIC-RAC, NIVEAU BUDGET. J'AI PEUR POUR VOUS…
CE SERA DUR DE GARDER LA TÊTE HORS DE L'EAU.
IL SE POSE EN CONSEILLER ET PLANTE SES JALONS… ÇA VIENT !
AH ?
SAVEZ-VOUS QUE LE GOUVERNEMENT A MIS EN PLACE…
UN SYSTÈME D'AIDE AU FINANCEMENT DU COÛT DE LA VIE, POUR LES VICTIMES ÉCONOMIQUES DE LA CRISE DU COVID ?
IL S'AGIT D'UN PRÊT SANS INTÉRÊT ET SANS CAUTION, QUE VOUS SEREZ, DANS LES FAITS, DISPENSÉES DE REMBOURSER.
J'EN AI ENTENDU PARLER, MAIS LA PROCÉDURE M'A PARU TROP COMPLIQUÉE…

C'EST POURQUOI ...
NOUS PROPOSONS DE NOUS EN CHARGER EN VOTRE NOM !
SI VOUS DÉPOSEZ UN DOSSIER DE VOTRE CÔTÉ, VOUS DEVREZ ATTENDRE PRÈS DE DEUX MOIS LE DÉBLOCAGE DES FONDS...
TANDIS QUE SI VOUS NOUS MANDATEZ, NOUS VOUS VERSERONS 50 000 YENS DÈS AUJOURD'HUI !
50 000 YENS, TOUT DE SUITE !
OH...
ÇA SERAIT SUPER !
ÇA M'AIDERAIT TROP !
FINALEMENT, CETTE ASSOCIATION EST BIEN AU SERVICE DES AUTRES !
HI HI !
TU CROIS ?

MAIS TU VOIS, LE PLAFOND DE CE PRÊT…
EST FIXÉ À 200 000 YENS.
LE DISPOSITIF N'AUTORISE SON VERSEMENT QUE SUR LE COMPTE BANCAIRE D'UNE PERSONNE PHYSIQUE. OR, AVEC LES INFORMATIONS RÉCUPÉRÉES GRÂCE AU FORMULAIRE D'ENQUÊTE, L'ASSOCIATION PEUT EN CRÉER, ET…
DÉTOURNER AINSI CES SOMMES À SON PROFIT.
!
SAUF QUE…
Hmm
50 000 YENS NE ME SUFFIRONT JAMAIS À M'EN SORTIR…
Hmm
Hmm
JE COMPRENDS.
LES PERSONNES DANS VOTRE CAS N'AURONT QU'À REMPLIR UN AUTRE DOCUMENT…

ET NOUS VOUS VERSERONS TOUT DE SUITE...
50 000 YENS SUPPLÉMENTAIRES.
EN TOUT, 100 000 !
ÇA ME SAU-VERAIT !
ET VOUS ?
PAS AUJOURD'HUI, MAIS...
JE VAIS EXAMINER LA QUESTION.

QUELQUES JOURS PLUS TARD ...
UNIVERSITÉ TENPYO
CAMPUS DE MITA
University of Tenpyo Mita Campus
Information
QUE RETIENS-TU DU TRAVAIL DE TERRAIN DE L'AUTRE JOUR ?
IL M'A PAS MAL DONNÉ À RÉFLÉCHIR, ET...
L'IDÉE QUE, DANS NOTRE SOCIÉTÉ, **MÊME LES NOMS DES ANONYMES PEUVENT GÉNÉRER DES CENTAINES DE MILLIERS DE YENS...**
NE ME PLAÎT PAS DU TOUT !
EN REVANCHE, JE N'AI PAS COMPRIS LEUR DERNIÈRE PROPOSITION...
TU SAIS, REMPLIR UN AUTRE FORMULAIRE POUR 50 000 YENS DE PLUS.
AH...
IL S'AGIT...

D'UNE HISTOIRE DE PRÊTE-NOMS...
JE PENSE.
DE PRÊTE-NOMS ?
OUI...
COMME SON NOM L'INDIQUE, IL CONSISTE À EMPRUNTER L'IDENTITÉ D'UN AUTRE POUR PASSER UN CONTRAT OU OBTENIR UN PRÊT.
SI CES GENS OFFRENT 50 000...
TU PEUX ÊTRE SÛRE QUE LES NOMS DE CES FEMMES LEUR RAPPORTERONT DAVANTAGE !

JE ME DEMANDE OÙ, ET…
À QUOI VONT SERVIR LES DOCUMENTS QU'ON A REMPLIS.
C'EST TOUTE LA QUESTION.
FRSH
FRSH
FRSH
D'AILLEURS, CE TRAVAIL DE TERRAIN…
VISAIT AVANT TOUT À DÉCOUVRIR À QUI SONT DESTINÉES CES DONNÉES PERSONNELLES…
GRÂCE À CECI !

QU'EST-CE QUE C'EST ?
LE TOUT DERNIER MODÈLE D'ÉMETTEUR.
C'EST LE PLUS MINIATURISÉ AU MONDE, MIS AU POINT LE MOIS DERNIER PAR UNE JOINT-VENTURE DU PROFESSEUR KAMO.
IL TOUCHE VRAIMENT À TOUT !
TU VOIS...
SI ON LES COLLE AU VERSO D'UN FORMULAIRE...
ON ARRIVE ...
À SUIVRE CELUI-CI À LA TRACE.
35°41'22"
139°41'30"
16.3km/h
OOOH !
ON A PLACÉ DES ÉMETTEURS SUR NOS TROIS PAPIERS, ET...
SUR LES DOSSIERS DES DEUX FEMMES QUI AVAIENT DEMANDÉ LES 100 000 YENS.

TENTE DE L'ASSOCIATION SOS MÈRES SEULES
SHIMIZU (DIRECTEUR)
MAEDA (EMPLOYÉ)
VOICI D'ABORD LES DEUX MEMBRES DE L'ASSOCIATION PRÉSENTS CE JOUR-LÀ...
TOUS LES ÉMETTEURS ONT ÉTÉ DÉPLACÉS LE JOUR MÊME, À PART CELUI DU PROFESSEUR KAMO...
UNE MINUTE !
POURQUOI PAS LE SIEN ?
PARCE QU'IL NE CORRESPONDAIT PAS AUX CRITÈRES RECHERCHÉS, TIENS !
ON VOYAIT QU'IL ÉTAIT TRAVESTI...
ILS ONT DÛ JETER LE PAPIER DIRECT À LA POUBELLE.
LOGIQUE.

LE RESTE EST ARRIVÉ CHEZ YONEMORI, UN COURTIER EN DONNÉES…
KATSUO YONEMORI
COURTIER EN DONNÉES
CELUI-LÀ MÊME…
QUI A VENDU LA FAMEUSE LISTE À ZAGREB.
!
TOUTES LES PIÈCES S'EMBOÎTENT !
PUISQUE NOS FORMULAIRES ONT ATTERRI CHEZ LUI, ILS SONT DESTINÉS À LA VENTE…
APRÈS, ÇA SE COMPLIQUE.
ON A ÉCRIT N'IMPORTE QUOI, MAIS BON.
TON ÉMETTEUR ET LE MIEN N'ONT PLUS BOUGÉ…
LES DOSSIERS DES DEUX AUTRES, PAR CONTRE, SONT REPARTIS, ET…

ONT ÉTÉ LIVRÉS...
CHIYO IINUMA
PATRONNE DE BAR 37ans
YONEMORI EST UN HABITUÉ DE CE BAR
À UNE CERTAINE IINUMA.
POURQUOI JUSTE LES LEURS ?
NOUS, ON N'A RENDU QUE LE PREMIER FORMULAIRE...
TANDIS QU'ELLES ONT REMPLI DES TAS DE PAPIERS "NÉCESSAIRES À LA PROCÉDURE".
PAPIERS QUI VONT SÛREMENT SERVIR À "QUELQUE CHOSE"...
VOILÀ POURQUOI, SEULS LEURS ÉMETTEURS ONT CONTINUÉ À VOYAGER...
POUR TERMINER...

JEUNES FONCTIONNAIRES
AKIRA TOYOSAKA (28 ans)
TOSHIKAZU KITADAI (28 ans)
CHEZ CES DEUX BUREAUCRATES.
DES BUREAUCRATES ?
OUI, DU METI*.
POURQUOI LÀ ?
MYSTÈRE.
JE NOTERAIS JUSTE...
*NDT : LE TRÈS PUISSANT MINISTÈRE DE L'ÉCONOMIE, DU COMMERCE ET DE L'INDUSTRIE.
QUE SI LES FONCTIONNAIRES, MÊME MINISTÉRIELS...
NE TOUCHENT PAS UN SALAIRE MIRIFIQUE...
CES DEUX-LÀ MÈNENT LA GRANDE VIE.

ILS PORTENT DES MONTRES À PLUSIEURS MILLIONS...
ROULENT EN VOITURES DE SPORT ÉTRANGÈRES...
VIVENT DANS DES APPARTEMENTS SOMPTUEUX, ET...
SE DÉTENDENT TOUS LES SOIRS DANS UN CLUB DE LUXE.

CONCLUSION, ILS S'ENRICHISSENT TRÈS PROBABLEMENT ...
GRÂCE AUX DOCUMENTS RASSEMBLÉS PAR L'ASSOCIATION.
VLAM
JE SAIS TOUT !

PROFES-SEUR…
ENCORE À COSPLAYER ?
DEPUIS HIER, J'ENQUÊTE SUR TOYOSAKA ET KITADAI !
DANS CET ACCOU-TREMENT ?!
ET J'AI DÉCOUVERT …
COMMENT ILS FONT DU FRIC AVEC CES DONNÉES.
!
VITE, RACONTEZ !

ILS DÉTOURNENT...
LA SUBVENTION D'AJUSTEMENT DE L'EMPLOI.
?!
QUELLE SUBVENTION ?!
C'EST UN DISPOSITIF DU PLAN GOUVERNEMENTAL.
LA CRISE DU COVID A PROVOQUÉ UNE CHUTE DRASTIQUE DE L'ACTIVITÉ DE LA PLUPART DES ENTREPRISES, ET...
LICENCIER LEURS EMPLOYÉS EST LE MOYEN LE PLUS RAPIDE D'Y RÉPONDRE.
...
SI UN PATRON DÉVOUÉ PROTÈGE SES SALARIÉS EN LES METTANT PLUTÔT AU CHÔMAGE TECHNIQUE...
L'ÉTAT, À TRAVERS CE SYSTÈME, EN PREND PARTIELLEMENT LES COÛTS EN CHARGE.

QUAND ILS ÉTAIENT ÉTUDIANTS, TOYOSAKA ET KITADAI ONT FONDÉ UNE SOCIÉTÉ-ÉCRAN, MISE ENSUITE EN SOMMEIL. ILS ONT DÉPOSÉ UN DOSSIER À SON NOM, ET...
COMME CETTE TENTATIVE A ÉTÉ FRUCTUEUSE, ILS ONT EU L'IDÉE DE S'ENRICHIR PAR CE BIAIS.
EN GROS, LEUR PLAN CONSISTE ...
À DÉTOURNER CES AIDES VIA DES EMPLOIS ET DES ENTREPRISES FICTIVES.
ILS ONT COMMENCÉ PAR RACHETER DES SOCIÉTÉS DORMANTES POUR UNE BOUCHÉE DE PAIN, CAR...
SEULES LES ENTREPRISES QUI EXISTAIENT AVANT LA CRISE DU COVID SONT ÉLIGIBLES.

SUITE À LA PROLONGATION DU DISPOSITIF, NOS DEUX FONCTIONNAIRES CONTINUENT DE TOUCHER LES AIDES, TANDIS QUE CES FEMMES N'ONT REÇU QU'UNE FOIS 50 000 YENS.
SOCIÉTÉ
SOCIÉTÉ
SOCIÉTÉ
PUIS, ILS ONT CRÉÉ DES EMPLOYÉS FICTIFS GRÂCE AUX INFORMATIONS PERSONNELLES DES MÈRES CÉLIBATAIRES, QU'ILS ONT OBTENUES VIA L'ASSOCIATION.
C'EST DÉGUEU !
DE L'ESCROQUERIE PURE ET SIMPLE !
ET AVEC L'ARGENT DE NOS IMPÔTS, EN PLUS !!
QUELS RATS… IL FAUT LES TRAÎNER EN JUSTICE !
PLUS FACILE À DIRE QU'À FAIRE.

*NDT : QUARTIER HUPPÉ DE LA CAPITALE.

QUEL ÉLITISME RÉPUGNANT ...
DIRE QUE TANT DE GENS SOUFFRENT, DEPUIS LE COVID !
SEULEMENT, PUISQU'ILS PREN-NENT TOUS LES AUTRES POUR DES IMBÉCILES...
ILS SONT SOUMIS EUX AUSSI À UN EFFET D'ANCRAGE, ET...
D'APRÈS LES THÉORIES KAMORISTES ...
CE SONT EUX, LES PLUS GROS PIGEONS.

3e cours
UNIVERSITÉ TE
CAMPUS DE MI
University of Te
Information
KAMO AVAIT DÉCOUVERT …
LA COMBINE DES DEUX FONCTIONNAIRES DEPUIS QUATRE JOURS…
QUAND LE SCANDALE A ÉCLATÉ.
UX MEMBRES DU MONDE ASSOCIATIF
ÊTÉS POUR ESCROQUERIE
DÉTOURNÉ DES AIDES VIA DES COMPTES BANCAIRES
S CRÉÉS SUITE À DES USURPATIONS D'IDENTITÉ
YUICHI MAEDA
HIKARU SHIMIZU
LEURS COMPLICES DE L'ASSOCIATION SOS MÈRES SEULES ONT ÉTÉ ARRÊTÉS !
MAIS …
AUCUN MÉDIA…
NE MENTIONNAIT KITADAI OU TOYOSAKA.

GRRR, ÇA M'ÉNERVE !
LES CERVEAUX VONT S'EN TIRER, COMME D'HABITUDE !
FORCÉ-MENT.
ILS SONT MALINS...
ILS ONT TOUJOURS UN BOUC ÉMISSAIRE SOUS LA MAIN.
TAC
TAC
TAC
MAIS IL N'EST PAS QUESTION DE LES LAISSER S'EN SORTIR.
DÈS CE SOIR, TRAVAIL DE TERRAIN !
ÇA Y EST !
IL PART À LA CHASSE AUX ESCROCS !
JE VOUS ACCOM-PAGNE !
SUPER !!
UNE NUIT BLANCHE NE TE FAIT PAS PEUR ?
NON. EN REVANCHE, VOUS AVEZ UN COURS DEMAIN EN PREMIÈRE PÉRIODE.
TOUT VA BIEN !
J'AI PRÉVU UN EXERCICE POUR LES ÉTUDIANTS, EN MON ABSENCE !
EXERCICE
ÇA NE VA PAS BIEN DU TOUT !

EXERCICE

① CHERCHEZ UN MOT DE CINQ SYLLABES, À LA VERTICALE OU À L'HORIZONTALE, DANS LA GRILLE CI-DESSOUS.

MI	TO	SA	A	MA	RI	RI	SU	RI	RU	KA	BU	KI
TA	KA	RA	KU	JI	RU	N	I	N	DO	ZO	U	RU
I	RA	KU	SE	N	SO	U	KA	RI	KA	N	ZO	U
KO	RU	DA	BI	N	N	RU	WA	N	MO	N	GO	RU
U	N	I	YA	SHI	KE	I	RI	BA	RI	SU	TA	TO
CHI	YO	ME	I	JI	N	SHI	N	RU	ZU	TE	N	RA
N	ME	I	JI	RU	DA	KA	BU	TO	MU	SHI	RU	MA
KA	MO	SHI	KA	TA	MA	RI	A	NA	KA	I	KO	N
MO	HA	TSU	O	KA	RI	NA	I	JI	ME	TO	BA	I
TSU	TSU	MI	NA	TO	I	BE	A	HI	GA	N	BA	NA
SE	MO	U	SHI	BI	RI	A	N	ZE	N	DO	N	GO
SO	U	KO	RE	CHI	YA	TSU	MI	N	DA	U	DA	N
DO	DE	N	KO	U	SE	TSU	KA	TO	MU	BU	I	N

② DEMANDEZ-VOUS POURQUOI CE MOT EN PARTICULIER VOUS A SAUTÉ AUX YEUX.

CLUB
MIDORIYAMA
HA HA HA !
HI HI HI !
HA HA HA !
TU AS VU LE JOURNAL ?
LA POLICE A COFFRÉ MAEDA ET SHIMIZU !
HA HA HA ! QUELS DÉBILES, CES DEUX-LÀ !
ON N'AVAIT PLUS RIEN D'AUTRE À TIRER D'EUX...
C'ÉTAIT LE BON MOMENT POUR LÂCHER CES POIDS MORTS !
HI HI HI HI HI !
MOUARF MOUARF !
DIS DONC...
ILS SONT BRUYANTS, À LA TABLE D'À CÔTÉ !

JE N'AVAIS JAMAIS VU NI CE CLIENT NI CES HÔTESSES !!
HI MOUAAARF HA
HA HI ARF HA
HI ARF ! HA !
HI !
TROP MARRANT ! HA !
HA HA HA HA !
QUEL ÂGE TU AS, MISAKI ?
VOTRE WHISKY...
VOUS SAVEZ BIEN, JE SUIS EN TROISIÈME ANNÉE !
HÉ, JOUE CORRECTEMENT TON RÔLE D'HÔTESSE !
PAR-DON.
NON MAIS ...
IL APPELLE ÇA UN TRAVAIL DE TERRAIN ?
MISSION DU JOUR
SE FAIRE PASSER POUR DES HÔTESSES ET UN CLIENT AFIN DE SE LIER AVEC KITADAI ET TOYOSAKA
par KAMO
O LIENS AMICAUX .... +100P
O AUCUN CONTACT 0P
O LES FILLES SONT HARCELÉES .... -10P
O ON EST DÉMASQUÉS .... -50P
NOUS MENACENT .... -100P
Pour info, j'ai loué le club pour la soirée. Le staff entier est de notre côté.
SE LIER AVEC EUX ? JE CROYAIS QU'ON CHERCHAIT À LES COULER ?!
EN PLUS, J'AI LA HONTE DE MA VIE AVEC CE DÉCOLLETÉ JUSQU'AU NOMBRIL...

HÉ !
CRR
JAMAIS VOUS BAISSEZ D'UN TON ?!
C'EST MAL BARRÉ...
ON LES A DÉJÀ ÉNERVÉS !
CRR
AH ?
DU CALME, PROFESSEUR !
TIENS ...
TIENS ...
TIENS ?!
ずん STAP
ずん STAP
ずん STAP
QU ...
QUOI ?!
JE SAVAIS QUE JE CONNAISSAIS CETTE TÊTE !
TOSHIKAZU KITADAI, DE LA 4e DIVISION DE PLANIFICATION ET COORDINATION !
PARDON ?!
AH... ET AKIRA TOYOSAKA, DE LA 2e DIVISION !
?!
QUI...

*NDT : GÉRANTE D'UN CLUB D'HÔTESSES.

INCROYABLE ! ILS L'ONT IMMÉDIATEMENT ACCEPTÉ !
AVOIR APPRIS QU'ILS ÉTAIENT SAOULS AU POINT D'AVOIR TOUT OUBLIÉ DE CETTE SOIRÉE NOUS A BIEN AIDÉS.
PAR CONTRE, JE NE VOIS PAS LE BUT DE LA MANŒUVRE…
IL DOIT SE RAPPROCHER D'EUX POUR MIEUX LES FAIRE TOMBER ?
IL FAUT CROIRE.
À PROPOS !
CE JOUR-LÀ, ON AVAIT DISCUTÉ DE LA SUBVENTION POUR LA RECONSTRUCTION DES AFFAIRES !
ELLE EST TOP TOP TOP !
DU COUP, JE L'AI DEMANDÉE SANS ATTENDRE !
ATTENDS, ON A PARLÉ DE SUBVENTIONS MÊME BOURRÉS ?
GALÈRE, C'EST LE TROU NOIR…

QUELLE SUBVENTION ?
C'EST UN AUTRE VOLET DU PLAN GOUVERNEMENTAL ANTI-COVID...
CE SYSTÈME DE SOUTIEN S'ADRESSE AUX PME QUI VEULENT PROFITER DE LA CRISE POUR SE RÉFORMER EN PROFONDEUR...
JE VEUX INVESTIR 15 MILLIONS DANS UN SYSTÈME DE COMMANDE ROBOTISÉ.
O.K., ON VOUS DONNE 10 MIL-LIONS.
ELLES DÉPOSENT UN BUSINESS PLAN QUI DÉTAILLE LES COÛTS NÉCESSAIRES, ET L'ÉTAT LE FINANCE AUX DEUX TIERS... LE RÊVE, QUOI !
JE VOIS. IL PRÉTEND AVOIR DEMANDÉ CETTE SUBVENTION POUR BRISER LA GLACE !
PAS TOUT À FAIT...
IL A BEL ET BIEN DÉPOSÉ UN DOSSIER.
LE PROFESSEUR POSSÈDE UNE KYRIELLE DE SOCIÉTÉS.
QUOI ?!
TOUT CE QU'IL DIRA SERA VRAI...
JE CROYAIS QUE CE SERAIT COMPLIQUÉ, MAIS...
MON DOSSIER A ÉTÉ APPROUVÉ EN UN CLIN D'ŒIL !
SI ÇA SE TROUVE...
IL Y A TELLEMENT DE DEMANDES QU'ILS N'Y REGARDENT PAS DE TROP PRÈS.

J'ESPÈRE ...
QUE PERSONNE N'EN PROFITERA POUR TRICHER !!
SI ON ALLAIT BOIRE UN VERRE TOUS LES TROIS, TRANQUILLE ?
OH, OUI !
AVEC JOIE !
KAMO, C'EST ÇA ?
TU AS DU TEMPS, LÀ ?
ZAM
OU ... OUI ...

?!
OH LÀ LÀ...
L'ATTITUDE DE KITADAI A FAIT UN CENT-QUATRE-VINGT !
LE PROFESSEUR A RÉUSSI À SE LES METTRE DANS LA POCHE !
KAMO A FAIT LA TOURNÉE DES BARS AVEC LES DEUX FONCTIONNAIRES, CETTE NUIT-LÀ...
CE QUI LUI A VALU UNE BELLE GUEULE DE BOIS.
K.-O.
ALORS ? LE PLAN A MARCHÉ ?

ET, SANS SURPRISE, IL N'A PAS ASSURÉ SON COURS DU LENDEMAIN.
LE COURS D'AUJOURD'HUI EST ANNULÉ. par KAMO
À LA PLACE, VOUS ME RENDREZ UN DEVOIR SUR LE SUJET SUIVANT.
EXERCICE
① CHERCHEZ UN MOT DE CINQ SYLLABES, À LA VERTICALE OU À L'HORIZONTALE, DANS LA GRILLE CI-DESSOUS.
MI TO SA A MA RI RI SU RI RU KA BU KI
TA KA RA KU JI RU N I N DO ZO U RU
I RA KU SE N SO U KA RI KA N ZO U
KO RU DA BI N N RU WA N MO N GO
U N I YA SHI KE I RI BA RI SU TA
CHI YO ME I JI N SHI N RU ZU TE N RA
N ME I JI RU DA KA BU TO MU SHI RU MA
KA MO SHI KA TA MA RI A NA KA I KO N
QUOI ?!
HOU HOUUU HOUUU
IL RECOM-MENCE ?!
HOUUU HOU
ENCORE UNE ABSCENCE ?!
HOUU
LA PROCHAINE FOIS, IL A INTÉRÊT À ÊTRE LÀ !
OUAIS !
HONNÊTEMENT, JE M'Y SUIS FAITE, ET...
TOUS LES ÉTUDIANTS RENDENT LEURS DEVOIRS, ALORS BON...
HA HA HA !
QUEL EXERCICE ORIGINAL !
VOUS ÊTES AUDITEUR LIBRE ?
PARDON POUR CES ABSENCES RÉPÉTÉES !
HA HA HA ! JE SAIS QUE KAMO ASSURE RAREMENT SES COURS, MAIS...
ÇA LUI ARRIVE, DE PLUS EN PLUS !!
J'AI ASSISTÉ À DEUX D'ENTRE EUX, QUAND IL ÉTAIT AUX ÉTATS-UNIS...
?!

*NDT : EN JAPONAIS, LE MOT COMPTE CINQ SYLLABES.

ÉLÉMENT
ÉLÉMENT
ÉLÉMENT
ÉLÉMENT
ÉLÉMENT
QUAND LE CERVEAU HUMAIN DOIT PRENDRE UNE DÉCISION, IL EMPRUNTE INCONSCIEMMENT LE CHEMIN LE PLUS COURT. C'EST CE QUE L'ON NOMME "HEURISTIQUE"...
ELLE DEVIENT "DE DISPONIBILITÉ" QUAND LA DÉCISION S'APPUIE EN PRIORITÉ SUR LES INFORMATIONS LES PLUS FACILES À TIRER DE SA MÉMOIRE ET DE SA CONSCIENCE.
LE PLUS COURT SERA LE MIEUX !!
AH...
ÇA RESSEMBLE UN PEU À L'EFFET D'ANCRAGE.
NORMAL, CET EFFET EST UN TYPE D'HEURISTIQUE...
ON L'APPELLE AUSSI "HEURISTIQUE D'ANCRAGE", D'AILLEURS.
DANS CE CAS PRÉCIS, LA CONSCIENCE DES ÉLÈVES ÉTAIT FOCALISÉE SUR CETTE NOUVELLE ABSENCE DE LEUR PROFESSEUR...
ET AINSI, INCONSCIEMMENT, "KAMORISME" LEUR A SAUTÉ AUX YEUX.
AH, D'AC-CORD ...
TING
ENFIN, JE NE FAIS QUE RÉPÉTER CE QUE J'AI APPRIS DE KAMO !
AH OUI, HA HA HA !

PARDON, JE NE ME SUIS PAS PRÉSENTÉ...
PROFESSEUR KIYOSHI MUKAWA...
JE SUIS DIRECTEUR ...
DE LA FACULTÉ DE SOCIOLOGIE.
VOUS... LE... LE...
LE DOYEN ?!
EX... EXCUSEZ-MOI !
POURQUOI ? TU NE M'AS EN RIEN MANQUÉ DE RESPECT...
DIS-MOI PLUTÔT ...
LA GUEULE DE BOIS DE KAMO N'EST PAS TROP SÉVÈRE ?
ARGH... IL EST AU COURANT !
VOUS SAVEZ, IL N'A PAS BU POUR S'AMUSER...
IL CHERCHE À DÉMASQUER DES FONCTIONNAIRES CORROMPUS, ET...
PAS DE PANIQUE ! TOUT VA BIEN...
JE NE LE SANCTIONNERAI PAS.

CAR C'EST MOI QUI L'AI INVITÉ À ENSEIGNER…
DANS CETTE UNIVERSITÉ !
!
IL A RECRUTÉ…
LE PROFESSEUR KAMO ?
TAKASE M'A INFORMÉ DE SA STRATÉGIE ET DE SES PÉRIPÉTIES.
COMME TU COLLABORES AVEC LUI DEPUIS PEU, TU DOIS ANGOISSER…
MAIS RASSURE-TOI…
SON PLAN CONTRE CES FONCTIONNAIRES AVANCE COMME SUR DES ROULETTES !
…
SÉRIEUX ?!

DIX JOURS PLUS TARD ...
YO, TOYO-SAKA !
TU AS FINI TA JOURNÉE ?
OUAIS ...
COMMENT SE PRÉSENTE NOTRE AFFAIRE ?
AU POIL, RASSURE-TOI !
CE KAMO AVAIT RAISON ...
TOUCHER CETTE SUBVENTION EST UN VÉRITABLE JEU D'ENFANT !!
J'AVAIS DÉPOSÉ UN DOSSIER...
POUR DIX DE NOS CINQUANTE SOCIÉTÉS, ET...
TOUTES L'ONT DÉCROCHÉE !
SÉRIEUX ?!

FACILE D'ABUSER DU SYSTÈME QUAND, COMME NOUS, ON CONNAÎT TOUTES LES FICELLES !
IL SUFFIT DE DÉPOSER UN BUSINESS PLAN ÉVALUÉ À 60 MILLIONS DE YENS POUR EN TOUCHER AUTOMATIQUEMENT LES DEUX TIERS, SOIT 40 MILLIONS !
TING
TING
IL N'Y A, ALORS, PLUS QU'À ACHETER POUR 30 MILLIONS DE VÉHICULES DE CHANTIER D'OCCASION, AU LIEU DE 60 MILLIONS EN VÉHICULES NEUFS, POUR SE FAIRE 10 MILLIONS DE BÉNEF !
PLOTCH
UN PROJET TROP MAL FICELÉ SERAIT SANS DOUTE REJETÉ...
MAIS NOUS, ON NE COURT AUCUN RISQUE SUR CE PLAN-LÀ !
ON A PLUS DE CERVELLE...
QUE TOUS CES GUEUX !

BREF, AUJOURD'HUI, MON COMPTE EN BANQUE A BIEN GONFLÉ !
HA HA ! ON VA S'ENJAILLER, CE SOIR ?
O.K. ! JE RETIRE DU LIQUIDE ET JE TE REJOINS !
BIP
TOYOSAKA
4:36
PFF...
TSUTAYA VIDEO
TSUTAYA
CD VIDEO
TSUTAYA
QUEL MONDE...
DE GROS NAÏFS !
IL MET LE TEMPS ...
QU'EST-CE QU'IL FOUT ?
TE VOILÀ ENFIN !
Haa Haa Haa
POURQUOI TU ES AUSSI EN RETARD ?!
MEC ...
ON EST MAL.
Haa Haa Haa

IMPOSSIBLE ...
DE RETIRER DU FRIC.
QUOI, LE DISTRIBUTEUR AUTOMATIQUE DE LA MIZUDORI EST ENCORE EN PANNE ?
TU N'AVAIS QU'À ALLER DANS UNE AGENCE DE L'USD !
ÇA N'A PAS MARCHÉ NON PLUS !
?!
NI CHEZ USD NI DANS AUCUNE AUTRE BANQUE !
TOUS NOS COMPTES...
SONT BLOQUÉS !
OH!
TAC TAC TAC TAC TAC TAC
CLIC

VOTRE BANQUE USD EN LIGNE
MES COMPTES – MES OPÉRATIONS
INTÉRÊTS – FRAIS
Cher client,
La banque USD vous remercie de votre fidélité.
Nous avons été contraints de restreindre temporairement votre accès à votre compte.
Merci de votre compréhension.
SOLDE - RELEVÉS
VIREMENT
TRANSFERT
...
...
NIARK !
ZIM
C'EST VRAI QUE LES COMPTES DE TOYOSAKA ET KITADAI ...
SONT BLOQUÉS ?!
VLAM

OUI...
LE PROFESSEUR VIENT DE M'EN INFORMER.
C'EST POSSIBLE ...
DE FAIRE GELER LES AVOIRS D'AUTRUI ?!
PAS EN TEMPS NORMAL...
SURTOUT QUE NOUS N'AVONS MÊME PAS ENCORE IDENTIFIÉ LES COMPTES EN QUESTION.
MAIS ALORS, COMMENT ?!
NOTRE SEULE PISTE...
ÉTAIT L'ASSOCIATION **SOS MÈRES SEULES** !
ELLE A TOURNÉ DANS LES QUARTIERS DÉFAVORISÉS DE LA BANLIEUE DE TOKYO.
IL ÉTAIT FACILE DE SUIVRE À LA TRACE SES ACTIVITÉS OFFICIELLES...
21 MAI
17/18 MAI
20 MAI
15 MAI
13/14 MAI
10/11 MAI

ET DONC TOUT AUSSI SIMPLE DE RETROUVER LES MÈRES CÉLIBATAIRES QUI AVAIENT BÉNÉFICIÉ DE SES SERVICES...
QUI A REÇU DES BENTOS ?!
MOI !!
MOI !!
MOI !!
MOI !!
MOI !!
MOI !!
MOI !!
MOI !!
UNE ENQUÊTE SIMPLISSIME NOUS A PERMIS D'EN CONTACTER SEPT CENTS.
NOUS LES AVONS INFORMÉES, VIA UN CABINET D'AVOCATS...
QU'IL Y AVAIT SOUPÇON DE FRAUDE, CAR ELLES N'AVAIENT REÇU QUE 50 000 YENS SUR LES 200 000 AUXQUELS ELLES AVAIENT DROIT, ET QU'ELLES POUVAIENT LANCER UNE ACTION COLLECTIVE EN JUSTICE.
DEUX CENTS D'ENTRE ELLES ONT RÉPONDU POSITIVEMENT, ET LA PLAINTE A ÉTÉ DÉPOSÉE.
N'IMPORTE QUI PEUT OBTENIR DES INFORMATIONS SUR UNE ENTREPRISE GRÂCE À SON IMMATRICULATION. TOUTEFOIS, CETTE DERNIÈRE N'INDIQUE NI LE NOM DE SES EMPLOYÉS, NI LEURS COORDONNÉES BANCAIRES.
UNE FOIS QU'ELLE EST VISÉE PAR UNE PROCÉDURE JUDICIAIRE, EN REVANCHE, LA DONNE CHANGE...
SOCIÉTÉ
SOCIÉTÉ
SOCIÉTÉ
EMPLOYÉ
EMPLOYÉ
COMPTE EN BANQUE
COMPTE EN BANQUE
COMPTE EN BANQUE
PAS CE QUE JE CHERCHE...

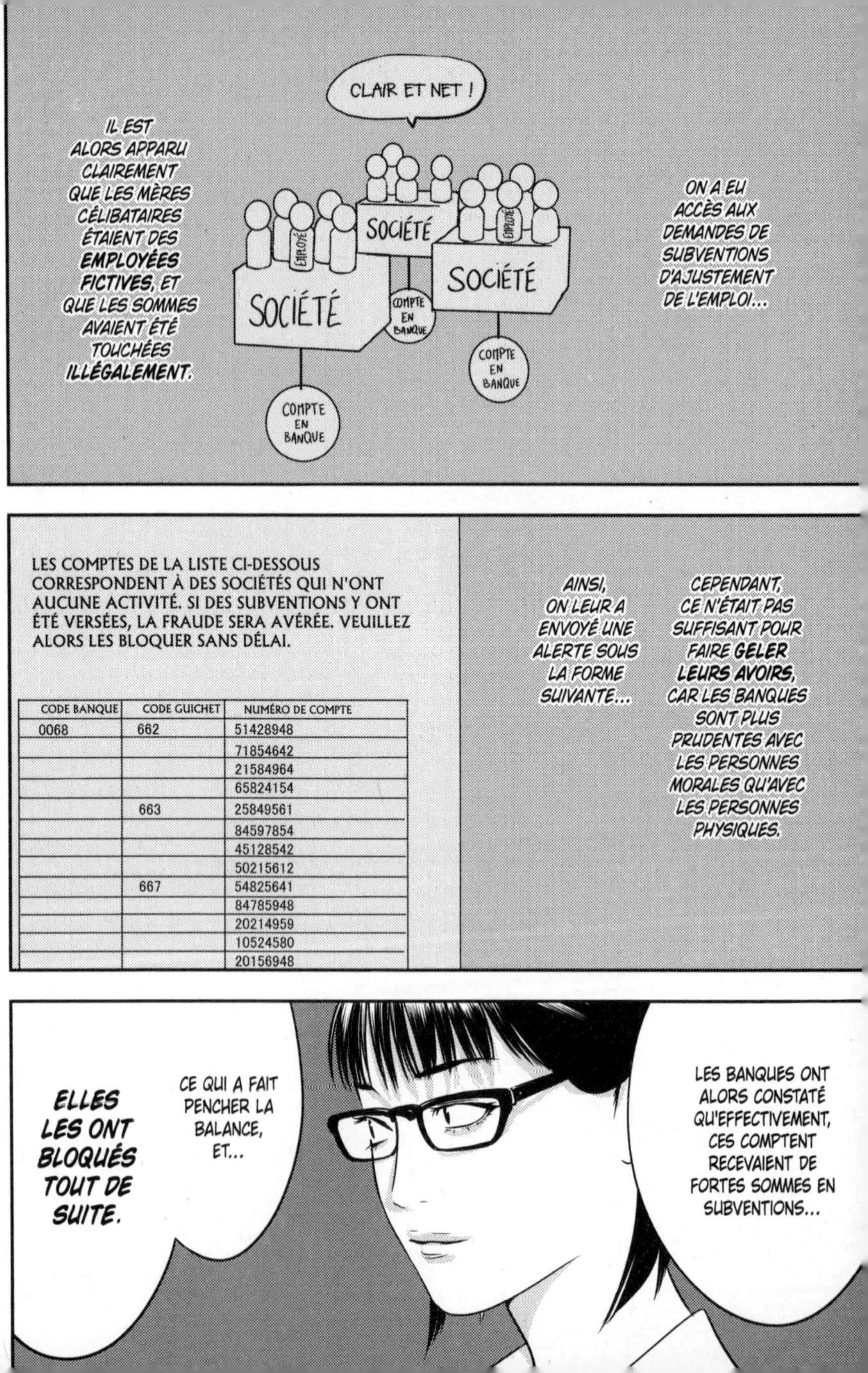

LES COMPTES DE LA LISTE CI-DESSOUS CORRESPONDENT À DES SOCIÉTÉS QUI N'ONT AUCUNE ACTIVITÉ. SI DES SUBVENTIONS Y ONT ÉTÉ VERSÉES, LA FRAUDE SERA AVÉRÉE. VEUILLEZ ALORS LES BLOQUER SANS DÉLAI.

CODE BANQUE	CODE GUICHET	NUMÉRO DE COMPTE
0068	662	51428948
		71854642
		21584964
		65824154
	663	25849561
		84597854
		45128542
		50215612
	667	54825641
		84785948
		20214959
		10524580
		20156948

TROP FORT !
QUEL REVIREMENT INCROYABLE !!
EH OUI...
DANS CE DOMAINE, LE PROFESSEUR EST UN GÉNIE.
UNE PETITE MINUTE...
IL S'EST DONC BIEN RAPPROCHÉ DE TOYOSAKA ET KITADAI...
À DES FINS STRATÉGIQUES ?
OUI. SON BUT ÉTAIT D'ATTIRER LEUR ATTENTION SUR CE SYSTÈME DE SUBVENTIONS, CAR...
S'ILS ÉTAIENT EFFECTIVEMENT CORROMPUS, CETTE INFORMATION DEVENAIT UNE HEURISTIQUE QUI LES ORIENTERAIT VERS UNE NOUVELLE IDÉE DE COMBINE.
IL N'ÉTAIT ÉVIDEMMENT PAS QUESTION DE LES LAISSER SE GAVER...
ALORS, IL A FRAPPÉ PRÉVENTIVEMENT EN FAISANT GELER LEURS AVOIRS !

JE VAIS BAPTISER CE PLAN…
“OPÉRATION HEURISTIQUE” !
CE NOM EST TOUT NAZE, MISAKI !
HEIN ?!
ELLE A LU DANS MES PENSÉES ?!
IL EST TROP TÔT POUR SE RÉJOUIR …
POUR L'INSTANT, ON LES EMPÊCHE JUSTE DE TOUCHER À L'ARGENT.
ON NE LES A PAS MIS HORS D'ÉTAT DE NUIRE.
TAC TAC TAC
LE POISON DU PROFESSEUR KAMO…
VA AGIR À PARTIR DE MAINTENANT !!

UNE HEURE PLUS TARD…
Cher client,
La banque USD vous remercie de
Nous avons été contraints de rest
accès à votre compte.
Merci de votre compréhension.
JE VIENS DE VÉRIFIER…
NOS 52 COMPTES BANCAIRES.
…
LES DIX SUR LESQUELS J'AVAIS FAIT VERSER LA SUBVENTION POUR LA RECONSTRUCTION DES AFFAIRES…
ONT ÉTÉ FERMÉS.
4e cours
…
JE NE SAIS PAS POURQUOI, 19 DES 42 AUTRES COMPTES SONT EUX AUSSI BLOQUÉS…
QUANT AUX 23 RESTANTS, JE SUPPOSE QUE C'EST UNE QUESTION DE TEMPS.
COMMENT PROCÈDE-T-ON ?!
…
ON A DEUX OPTIONS…

4e cours
Démonstration de l'heuristique

L'IDÉAL SERAIT LA PREMIÈRE, MAIS...
À MON AVIS, UNE PERSONNE DONT ON A USURPÉ L'IDENTITÉ A FLAIRÉ L'ARNAQUE ET DÉPOSÉ PLAINTE...
MPTES – MES
Cher client,
La banque USD vous remercie de votre
Nous avons été contraints de restreind
votre accès à votre compte.
Merci de votre compréhension.
ALORS, C'EST MISSION IMPOSSIBLE.
CHERCHER À CONNAÎTRE LA RAISON DE LEUR BLOCAGE SERAIT DÉJÀ TROP RISQUÉ.
PAR CONTRE, SI ON RENONCE ET QU'ON FAIT LE MORT...
ON SERA HORS DE DANGER.
COMME ON AVAIT PRÉVU LE COUP...
NOS NOMS N'APPARAISSENT SUR AUCUNE DEMANDE DE SUBVENTION NI AUCUN DOSSIER CONCERNANT CES SOCIÉTÉS.
PAS LE CHOIX, FAUT LAISSER TOMBER...
MÊME SI JE SUIS DEG' DE RENONCER À DIX MILLIONS DE REVENU MENSUEL.
TU LU LU
TU LU LU
TSS... QUI PEUT APPELER À UNE HEURE PAREILLE ?

TULULU TULULU
58
YOHEI KAMO
PORTABLE
KAMO ?
AH OUI, L'ESPÈCE DE RAVI DE LA CRÈCHE…
ALLÔ ?
ALLÔ, KITADAI ?!
KAMO À L'APPAREIL !
DÉSOLÉ, MAIS…
JE SUIS OCCUPÉ, LÀ…
ÉCOUTE ÇA ! LA SOCIÉTÉ POUR LAQUELLE, SUR TES CONSEILS, J'AVAIS DEMANDÉ LA SUBVENTION POUR LA RE-CONSTRUCTION DES AFFAIRES…
A QUINTUPLÉ SON VOLUME DE COMMANDE …
GRÂCE À TOUS L'ARGENT QUE J'Y AI ENGAGÉ !
0:57

QU'EST-CE QU'IL VEUT ?
NOUS DIRE QUE SA SOCIÉTÉ LUI RAPPORTE UN MAX...
BREF, SE VANTER !
J'AI PEUT-ÊTRE LE GÉNIE DES AFFAIRES, EN FAIT...
ENVOIE-LE BOULER ET RACCROCHE !
OUAIS.
J'AIMERAIS INVESTIR À FOND DANS UNE AUTRE, AVANT QUE LE DISPOSITIF SOIT SUPPRIMÉ !
DU COUP, SI TU AVAIS QUELQUES TUYAUX...
TOUT DE SUITE, J'AI PAS LE TEMPS...
ON EN DISCUTE EN PERSONNE, DANS UN JOUR OU DEUX ?
C'EST POSSIBLE ? MERCIII !
POURQUOI T'AS ACCEPTÉ ?
GNIP
CE SERA UNE PERTE DE TEMPS !
HÉ HÉ HÉ...
JE VIENS DE TROUVER *UNE TROISIÈME OPTION* !

VENDRE NOS SOCIÉTÉS ...
À KAMO !
LATTER
CAFE & RESTAURANT
LE LENDE-MAIN...
QUOIII ?!
23 ?!

ON A PLEIN D'AMIS QUI, SUITE À LA CRISE DU COVID, VEULENT SE RETIRER DE LA GESTION D'ENTREPRISE...
OR, TOUTES CES SOCIÉTÉS ONT DE L'AVENIR !
AH BOOON ...
EN PLUS, ELLES TOUCHENT DES SUBVENTIONS CHAQUE MOIS...
CE SONT TOUTES DES AFFAIRES EN OR !
JE VOIS ...
ÇA ME PARAÎT TOP !
IL EST PLUS CHAUD POUR ACHETER QUE J'ESPÉRAIS !
S'IL POUVAIT EN PRENDRE QUATRE... OU MÊME CINQ !
ON RÉCUPÉRERAIT ...
ENVIRON 20 MILLIONS !
FLAP
C'EST DÉCIDÉ !

J'ACHÈTE TOUT !
JE VOUS EN OFFRE 60 MILLIONS ...
MARCHÉ CONCLU ?
!
!
OUAIS...
MARCHÉ CONCLU !
NIARK !

CLUB
MIDORIYA
Ha ha ha!
Ha ha ha!
Ha ha!
BLA BLA
OOOH!
BLA BLA BLA
Ha ha ha!
J'AURAIS JAMAIS CRU QU'IL LES PRENDRAIT TOUTES...
JE N'EN REVENAIS PAS NON PLUS.
ET POUR LES FORMALITÉS ? 23 SOCIÉTÉS, ÇA EN FAIT, DE LA PAPERASSE.
JUSTEMENT, IL NOUS A DEMANDÉ...
DE LES RÉUNIR EN DEUX GROUPES D'ENTREPRISES, AFIN DE SIMPLIFIER LA PROCÉDURE...
C'EST PLUS SIMPLE POUR NOUS AUSSI, D'AILLEURS.
PROPRIÉTAIRE A
PROPRIÉTAIRE C
PROPRIÉTAIRE B
PROPRIÉTAIRE D
PROPRIÉTAIRE A
PROPRIÉTAIRE B
PROPRIÉTAIRE C
PROPRIÉTAIRE E
PROPRIÉTAIRE F
PROPRIÉTAIRE G
PROPRIÉTAIRE G
PROPRIÉTAIRE A
PROPRIÉTAIRE B

QUATRE JOURS PLUS TARD...
TOUT EST LÀ.
TAC TAC
J'EMPORTE CES DOCUMENTS POUR FAIRE METTRE LES SOCIÉTÉS À MON NOM.
JE VOUS TRANSFÈRE LES FONDS PAR VIREMENT. VÉRIFIEZ, S'IL VOUS PLAÎT.
BANQUE EN LIGNE
SOLDE 61 745 242 YENS
TRIER PAR CE MOIS-CI
OPÉRATIONS | DÉPÔTS | RETR
DÉPÔT | 60,000,000
RETRAIT | | 200,
RETRAIT | | 200,
NOMBRE D'OPÉRATIONS : 3
MODIFIER LES CRITÈRES
IL A BIEN ÉTÉ EFFECTUÉ.
MERCI POUR TOUT, ET...
À BIENTÔT, J'ESPÈRE !!
TIP
...

ON A RÉUSSI...
C'EST PASSÉ CRÈME !
CLUB
MIDORIYAMA
MOUAH HA HA HA HA HA !

VOUS ÊTES D'HUMEUR PARTICULIÈREMENT JOYEUSE !
OUI...
ON VIENT DE RÉUSSIR UN COUP FUMANT !
AVEC 60 MILLIONS, ON A DE QUOI S'ENJAILLER PENDANT SIX MOIS...
MAIS D'ICI LÀ...
IL FAUDRA TROUVER UNE NOUVELLE COMBINE !
J'Y PENSE, FAUT QUE JE TE VERSE TA MOITIÉ...
FRATCH
FRATCH
OUAIS !!
BON, J'ACCÈDE À MON COMPTE...
BIP
BIP
BIP
?!

19:51
BANQUE MOMOYAMA EN LIGNE
Cher client,
La banque Momoyama vous remercie de votre confiance.
Nous avons été contraints de restreindre temporairement votre accès à votre compte.
Pour de plus amples informations, veuillez appeler notre service client.
Vous pouvez également vous rendre au guichet le plus proche.
?!
J'HALLU-CINE !
J'AVAIS GARDÉ CELUI-CI TOTALEMENT PROPRE !
BiP BiP BiP BiP
UN SOUCI, KITADAI ?!
ILS ONT ENCORE...
BLOQUÉ UN DE MES COMPTES !!
HEIIIN ?!
MAIS POURQUOI ?!
SI JE SAVAIS !

OH LÀ LÀ...
ILS ONT GELÉ VOS AVOIRS, JE PRÉSUME ?
KAMO ?!
DOOOOM
QU'EST-CE QUE JE FAIS LÀ, MOI ?
POURQUOI T'ES LÀ ?
EH BIEN...
JE M'INQUIÉTAIS DE VOS PROBABLES PROBLÈMES BANCAIRES...
PARDON ?!
TU INSINUES QUE TU AVAIS PRÉVU LE BLOCAGE DE NOS COMPTES ?
TOUT À FAIT !
PARCE QUE...

C'EST MOI...
QUI EN SUIS À L'ORIGINE !!
!
PARDON ?!
C'EST TA FAUTE ?
QUI TU ES, AU JUSTE ?
HA HA HA ! UN INVESTIS-SEUR...
MAIS AVANT TOUT...
UN ÉCONO-MISTE !
JE VAIS DONC PROFITER DE L'OCCASION ...
POUR IMPROVISER UN COURS SUR VOTRE ÉCHEC, SOUS L'ANGLE ÉCONOMIQUE !
ALORS QU'IL NE FAIT MÊME PAS COURS À SES ÉLÈVES ?!

JE PRÉCISE AVANT TOUT...
QUE NOS NOMBREUSES DISCUSSIONS ENSEMBLE...
FAISAIENT PARTIE...
D'UNE EXPÉRIENCE SUR L'HEURISTIQUE.
HEURISTIQUE...
AH ! J'AI VU ÇA EN COURS D'ÉCO, PENDANT MES ÉTUDES.
"RACCOURCI MENTAL PRIS INCONSCIEMMENT PAR LE CERVEAU HUMAIN, LORS D'UNE PRISE DE DÉCISION."
VOILÀ !
L'ÉCONOMIE COMPORTEMENTALE SE BASE SUR LE PRINCIPE QUE LES ÊTRES HUMAINS SE COMPORTENT SOUVENT DE MANIÈRE IRRATIONNELLE...
JE VOUS AI MIS FACE À UNE HEURISTIQUE...
POUR VÉRIFIER S'IL ÉTAIT VRAI OU PAS.
!

JE PARLE DE MON COUP DE TÉLÉPHONE.
J'AIMERAIS INVESTIR À FOND DANS UNE AUTRE...
AVANT QUE LE DISPOSITIF SOIT SUPPRIMÉ !
!
...
LES COMPTES BANCAIRES DE 29 DE VOS 52 SOCIÉTÉS ÉTAIENT BLOQUÉS...
LA SOLUTION RATIONNELLE À CE PROBLÈME...
ÉTAIT DE FAIRE UNE CROIX SUR TOUTES, ET...
RIEN D'AUTRE.
POUR PARER À TOUTE ÉVENTUALITÉ, VOS NOMS N'APPARAISSAIENT NULLE PART...
VOUS AURIEZ PU VOUS EN TIRER INDEMNES !
...
POURTANT, VOTRE RÉTICENCE À PERDRE AUTANT D'ARGENT VOUS POUSSAIT, AU FOND DE VOUS, À CHERCHER UNE AUTRE SOLUTION.
C'EST POURQUOI...

APRÈS MON APPEL, VOUS AVEZ PENCHÉ POUR LE CHOIX LE PLUS DÉRAISONNABLE.
VENDRE NOS SOCIÉTÉS...
À KAMO !
MAIS NON !
IL ÉTAIT PARFAITEMENT RATIONNEL !
EN QUOI ?
JE VOUS AI DEMANDÉ DE REGROUPER VOS SOCIÉTÉS POUR ME LES CÉDER...
GNN
CE QUI VOUS A OBLIGÉS À FAIRE APPARAÎTRE VOS VRAIS NOMS, MÊME TEMPORAIREMENT, CAR...
TOUT TRANSFERT DE TITRE EXIGE L'ACCORD DES DEUX PARTIES.
APRÈS TOUS VOS EFFORTS POUR ÊTRE DES HOMMES INVISIBLES... QUEL GÂCHIS !
ÇA N'A DURÉ QU'UNE SECONDE !!
ALLONS BON !

ON A ÉTÉ TRÈS PRUDENTS PENDANT LA PROCÉDURE DE TRANSFERT…
ON NE T'A PAS DONNÉ LES DOCUMENTS NÉCESSAIRES À LA CESSION DES SOCIÉTÉS TANT QU'ON N'A PAS VÉRIFIÉ QUE TU AVAIS VERSÉ LES 60 MILLIONS.
DU COUP, NOS NOMS NE SONT APPARUS QUE TRÈS BRIÈVEMENT.
TRIER PAR CE MOIS-CI
OPÉRATIONS DÉPÔTS RETRAITS
DÉPÔT 60,000,000
RETRAIT 200,00
RETRAIT 200,00
NOMBRE D'OPÉRATIONS : 3
MODIFIER LES CRITÈRES
ENCORE …
UN BIAIS COGNITIF.
?!
L'ÉCONOMIE COMPORTEMENTALE ÉTUDIE ÉGALEMENT CES DIFFÉRENTS BIAIS.
COMME "JE SUIS MALIN" ET "LES AUTRES SONT BÊTES"…
"JE SAIS À 100 % CE QUE LES IDIOTS VONT FAIRE".
"SI LE TRANSFERT ET LE VIREMENT SONT SIMULTANÉS …
NOS NOMS SERONT EFFACÉS DIRECT"…
…
TOUUUT CELA…
N'EST QUE PRÉJUGÉ !
PAS DU TOUT !
ON N'EST PRO-PRIÉTAIRE D'UNE SOCIÉTÉ QU'À L'INSTANT OÙ ELLE EST MISE À SON PROPRE NOM !
ON PARLE D'UN DEAL DE 60 MILLIONS ! QUEL TARÉ NE PRENDRAIT PAS POSSESSION D'UN BIEN QU'IL A PAYÉ AUSSI CHER ?

EH BIEN, UN TARÉ...
COMME CELUI...
QUI EST EN FACE DE VOUS !!
!
JE N'AI PAS MIS CES SOCIÉTÉS À MON NOM, ET J'AI FILÉ CHEZ UN AVOCAT AVEC LE DOSSIER DE VENTE AU COMPLET, CAR...
JE SAVAIS QU'ELLES ÉTAIENT LA CLEF MENANT À VOS AUTRES MALVERSA-TIONS.
COMME PRÉVU, JE LES AI DÉCOUVERTES SANS TARDER...
ET LE COMPTE OÙ J'AVAIS VERSÉ LES 60 MILLIONS A ÉTÉ BLOQUÉ SUR-LE-CHAMP.

J'AI LAISSÉ VOS DEUX NOMS FIGURER EN TANT QUE PREUVE…
VOUS N'ÉCHAPPEREZ PAS À LA JUSTICE !
TROP FORT…
TAKASE AVAIT RAISON.
LES PLUMES DE PIGEON…
SONT UN POISON VIOLENT !
BRAVO, KAMO…
TU NOUS AS FAIT TOMBER !
MALHEUREUSEMENT…
TU AS COMMIS UNE GROSSIÈRE ERREUR.
AH ?
TOUTES NOS CONVERSATIONS FAISAIENT PARTIE D'UNE ***EXPÉRIENCE SUR L'HEURISTIQUE***, C'EST BIEN ÇA ?
OUI …

Y COMPRIS CETTE PHRASE QUE TU NOUS AS SORTIE, AU CLUB ?
J'ESPÈRE...
QUE PERSONNE N'EN PROFITERA POUR TRICHER !
BREF, CES MOTS DEVAIENT NOUS DONNER L'IDÉE...
DE DÉTOURNER LES SUBVENTIONS POUR LA RECONSTRUCTION DES AFFAIRES ?
EXACT.
HA HA, TU AVOUES !
ET TOC !
TU NOUS AS INCITÉS À COMMETTRE UNE ESCROQUERIE !!
TU AS COMMIS UN CRIME PLUS GRAVE QUE LE NÔTRE !

PARDON ?
VOUS ÊTES COMPLÈÈÈTEMENT À CÔTÉ DE LA PLAQUE !
...
QUOI ?
PUISQUE VOUS N'AVEZ RIEN PIGÉ, JE RÉPÈTE...
PER-SONNE
MODE DE PENSÉE
DÉCISION
LES GENS ONT TENDANCE À S'ENGOUFFRER DANS DES RACCOURCIS MENTAUX QUAND ILS PRENNENT UNE DÉCISION.
DONC, CONFRONTER QUELQU'UN À UNE HEURISTIQUE, PUIS OBSERVER SON COMPORTEMENT ...
DEUX BRIOCHES
x
JUGEMENT
LIT DES MANGAS PORNO
X = OBSÉDÉ SEXUEL
DEVRAIT PERMETTRE DE DÉCRYPTER SON MODE DE PENSÉE, ET MON EXPÉRIENCE VISAIT À LE DÉMONTRER.

OUI, J'AI DÉLIBÉRÉMENT REMARQUÉ DEVANT VOUS...
J'ESPÈRE...
QUE PERSONNE N'EN PROFITERA POUR TRICHER !
MAIS EN M'ENTENDANT, UN FONCTIONNAIRE HONNÊTE...
AURAIT IMMÉDIATEMENT CHERCHÉ UN MOYEN D'EMPÊCHER TOUTE FRAUDE, NON ?
!
VOUS, EN REVANCHE...
VOUS AVEZ AVANT TOUT PENSÉ À EN MONTER UNE !

VOUS AVEZ PROUVÉ TOUT SEUL, COMME DES GRANDS, QUE VOUS NE SERVIEZ PAS L'ÉTAT, MAIS VOS INTÉRÊTS !!
DES POURRIS DANS VOTRE GENRE...
...
DOIVENT ÊTRE DÉBARQUÉS AU PLUS VITE !

La fin du système... (1) – FIN

LIVRE BLANC DU KAMORISME

Cours d'humanomique du professeur Kamo

TAKESHI NATSUHARA

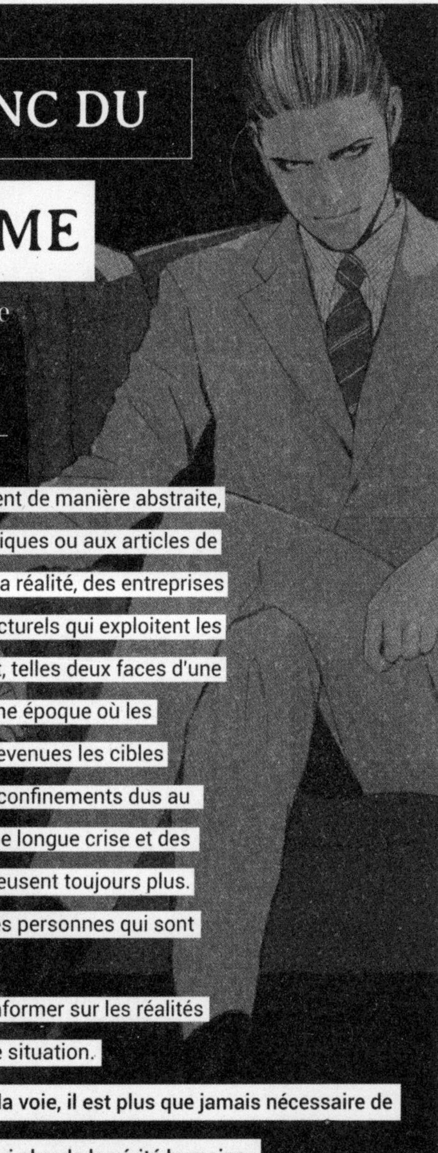

L'argent ne circule pas seulement de manière abstraite, cantonné aux théories économiques ou aux articles de la presse spécialisée. Et, dans la réalité, des entreprises honnêtes et des systèmes structurels qui exploitent les personnes précaires coexistent, telles deux faces d'une même médaille. Nous vivons une époque où les personnes travailleuses sont devenues les cibles privilégiées des arnaques. Les confinements dus au Covid sont venus s'ajouter à une longue crise et des inégalités de richesse qui se creusent toujours plus. Certains exploitent sans pitié les personnes qui sont alors tombées dans la misère.
Le but de cette rubrique est d'informer sur les réalités de “l'argent”, en réponse à cette situation.

Pour se protéger et pour ouvrir la voie, il est plus que jamais nécessaire de se pencher sur une économie qui aborde la vérité humaine.

REPORT 1
LES COOPÉRATIVES D'ASSURANCE

"LES ESCROCS NE PENSENT QU'À AMASSER LE PLUS D'ARGENT POSSIBLE AVANT DE FERMER BOUTIQUE ET DISPARAÎTRE DANS LA NATURE."

Comme leur nom l'indique, ce sont des sociétés d'assurance basées sur le principe de mutualité. À l'origine, l'entraide fonctionnait sur une base d'égalité stricte, puis elles ont évolué vers le sens "d'aider plus ceux qui n'ont pas assez".
Les Japonais connaissent surtout la Zenkyoren (*National Mutual Insurance Federation of Agricultural Cooperative*) ou la Zenrosai (*National Federation of Workers and Consumers Insurance Cooperative*) ; la première est une coopérative agricole et la seconde une coopérative de consommateurs, mais chacune a fonction d'organisme exécutif. Il existait autrefois des coopératives d'assurance non-agréées, c'est-à-dire des organismes privés, mais une réforme a interdit désormais cette pratique. L'affaire de la Orange Kyosai (*NDT : dans laquelle Tatsuo Tomobe, membre de la Diète, a été condamné pour fraude au début des années 2000*) est restée célèbre.

De nombreux Japonais ont été touchés économiquement par la crise du Covid, et s'inquiètent pour leur présent comme pour leur avenir. En plus de recevoir les aides de l'état, ils se tournent également vers les assurances auxquelles ils avaient souscrit en cas de malheur. Les coopératives permettent de prendre des garanties supplémentaires en cas de blessure ou de maladie, autrement dit des assurances-vie ou prévoyance.
Certaines se vantent toutefois de donner accès à un système de crédit ou d'aide mensuelle fixe. Ce sont les versions modernes des assurances coopératives non-agréées (bien qu'elles n'aient plus le droit de s'appeler ainsi, les mécanismes se ressemblent comme deux gouttes d'eau).
Il s'agit là d'une arnaque, car elles fonctionnent sur un système de Ponzi (payer les dividendes des premiers clients avec le capital des nouveaux entrants). Évidemment, elles ne sont pas vouées à perdurer et les escrocs ne pensent qu'à amasser le plus d'argent possible avant de fermer boutique et disparaître dans la nature.

REPORT 2
LE CRÉDIT PASSAGER

Ce doux euphémisme cache une forme d'usure de la pire espèce, caractérisée par la recherche d'un prêteur via les réseaux sociaux. Il dérive du fait que le prêt est accordé en échange "d'un moment passé ensemble". Le taux d'intérêt est exorbitant : dans les 20 ou 30 % par mois, voire plus. Le montant de l'emprunt tourne généralement autour 50 000 et 100 000 yens.
Au regard de la loi, un taux aussi élevé est caractérisé comme un enrichissement sans cause.

Pour ne pas tomber dans ce genre de piège, il est important de vérifier s'il existe bien un organisme exécutif ou encore si l'on récupère la totalité du capital en cas de résiliation.

Il n'y a par conséquent aucune obligation légale de rembourser les intérêts et encore moins le capital. Les usuriers traditionnels sont tombés les uns après les autres, car leurs clients leur signifiaient via un avocat qu'ils ne rembourseraient pas leur crédit. Pour éviter de se retrouver ainsi le bec dans l'eau, les nouveaux escrocs ne se contentent pas d'exiger une relation sexuelle en échange d'un prêt. Ils prennent des photos, des vidéos, font des copies des papiers d'identité de la victime et la menacent de la doxer si elle ne paie pas.

"LES MÈRES CÉLIBATAIRES SONT DES CIBLES AVOUÉES."

Le crédit passager existait déjà avant la crise du Covid. Ce type d'emprunt était consenti par des particuliers via les réseaux sociaux, et non par des organismes de crédit. Or, si toute personne qui a une "activité commerciale" dans la finance doit la déclarer auprès des autorités locales, ce n'est pas nécessaire quand il s'agit de prêts de particulier à particulier. Toutefois, les directives du régulateur du secteur, l'Agence des Services Financiers, stipulent que des prêts répétés à un grand nombre d'étrangers constituent une "activité commerciale". Il y avait et il y a donc, dans ce cas, infraction au droit des affaires.

Depuis la crise du Covid, de plus en plus de Japonais rencontrent des difficultés pour payer leur facture de smartphone ou leur loyer, en particulier les femmes et surtout les mères célibataires, qui sont de plus en plus nombreuses.

Ces dernières sont devenues des cibles avouées pour les escrocs.

Quand bien même elles parviennent à rembourser une première fois, la précarité les rattrape et les pousse à en contracter à nouveau. Ainsi, elles se retrouvent prises au piège d'un système où elles payent des intérêts prohibitifs sur un temps long ; car un prêt ne disparaît pas tant qu'on n'a pas remboursé entièrement, et qu'on ne s'est pas assuré une situation économique stable par la suite.

Pour le dire de manière plus simple, il se passe la même chose qu'avec une carte de crédit renouvelable (ou revolving) : ces femmes payent sans fin les intérêts sans parvenir à rembourser le principal, ce qui est la pire situation possible (le défaut de paiement commence avec le crédit revolving).

Le problème numéro un est, comme indiqué dans le manga, le fait que les gens ne sont pas bien informés sur les aides auxquelles ils ont droit dans le cadre des plans anti-Covid du gouvernement. L'État a bien envoyé des masques à chaque foyer, pourquoi ne pas avoir fait de même avec une brochure détaillant l'intégralité des aides disponibles ?

À sa décharge, l'administration a assoupli ses règles d'attribution, mais l'accueil déplorable aux guichets a découragé certaines femmes, d'autres ont attendu en vain l'argent après le dépôt de leur dossier... Aussi, beaucoup se sont finalement tournées vers le crédit. Clairement, il faudrait établir un système pour contraindre les ex-maris au versement des pensions alimentaires des mères célibataires.

REPORT 3
PRÊTE-NOM

La pratique de prêter son nom à quelqu'un existe depuis toujours. Par exemple, on peut prêter sa carte de mutuelle santé à un ami du même âge qui n'en bénéficie plus, faute de payer

ses mensualités. Pratique qui est, bien sûr, interdite par la loi.
Imaginons que cet ami ne s'est pas servi de notre carte pour recevoir des soins médicaux. Il a fait un prêt à la consommation, puis a disparu. Ce prêt n'est pas remboursé, puisqu'on ignore son existence. On l'apprend quand on reçoit la mise en demeure de l'organisme de crédit. Or, la personne dont le nom figure sur le dossier de prêt est dans l'obligation de payer. Comme on le voit, prêter son nom à quelqu'un peut se révéler extrêmement risqué.
Une loi protège aujourd'hui les données personnelles, y compris le nom, et limite l'usage que les commerçants qui en disposent peuvent en faire.
Autrefois, afin de mettre du beurre dans les épinards, certains prêtaient volontairement leur nom pour permettre la création d'un compte en banque dans le cadre d'arnaques qu'on pourrait dire "artisanales". Comme il était déjà interdit d'ouvrir un compte sous un nom imaginaire, c'était l'une des trois "perles rares" prisées des escrocs : compte bancaire d'une personne réelle, téléphone portable d'une personne réelle, ou une liste (à l'heure actuelle, leur mode opératoire basé sur les remises en mains propres gagne du terrain par rapport aux virements bancaires, et les perles rares sont plutôt "téléphone, personnel et local pour opérer").
Toutefois, il arrive que l'identité de la personne soit usurpée. On répète depuis toujours qu'il ne faut pas répondre à n'importe quel formulaire d'enquête, sans réfléchir. Révéler trop facilement son âge, son adresse ou sa situation familiale peut servir à des fraudes téléphoniques ou à organiser des cambriolages en votre absence. Des escrocs peuvent aussi usurper votre identité à des fins de fraude sociale, comme dans le manga, ou pour contracter des prêts.

REPORT 4
FRAUDE SOCIALE

La fraude a toujours existé, mais la crise du Covid l'a mise en lumière avec la multiplication d'affaires qui ont défrayé la chronique.
Il existe un système permanent de subventions et d'aides de l'État, mais quand un soutien supplémentaire est nécessaire, l'administration assouplit les règles d'attribution et les verse plus rapidement. De telles mesures favorisent une augmentation de la fraude.
La plus célèbre concerne le système de garantie spéciale pour la stabilisation financière des PME, mis en place de 1998 à 2000, quand l'éclatement de la bulle financière a entraîné un problème d'insolvabilité qui a poussé les organismes de crédit à leur refuser tout prêt. Les sociétés de garantie de crédit se sont portées caution pour 29 mille milliards de yens, mais mille milliards n'ont pas été rendus, et une partie avait été détournée.
À cette époque, de faux conseillers financiers surnommés "coachs" manœuvraient en sous-main et ont arnaqué jusqu'à 180 millions de yens dans une seule affaire.

La loi sur la protection des données personnelles japonaise n'a pas interdit l'activité des courtiers en données. Ils sont plus étroitement surveillés qu'avant, mais, les sociétés de marketing par e-mail ont recours à ces courtiers et il est en réalité très compliqué de protéger à 100 % ses informations personnelles.

"ON L'APPREND QUAND ON REÇOIT LA MISE EN DEMEURE DE L'ORGANISME DE CRÉDIT."

Ils prenaient 15 à 20 % de commission. Ils ont forgé des bordereaux de situation fiscale, pièce nécessaire au rapport de solvabilité, et totalement arnaqué à la fois les sociétés de garantie et les banques.
Les fraudes qui sont apparues depuis a crise du Covid ne sont pas foncièrement différentes par nature. Elles consistent, pour les plus notables, à mentir sur le dossier ou forger des attestations de paiement d'impôt afin de faciliter l'attribution des subventions, bref à profiter des failles d'une administration qui continue à se reposer sur le papier.
Il est stupéfiant que des preuves aussi légères qu'une capture d'écran où l'intéressé ne portait pas de costume passaient l'inspection pour l'attribution des subventions aux sociétés pour encourager le télétravail, jusqu'à ce que cette faiblesse soit publiquement pointée du doigt.

"IL NE FAUT PAS OUBLIER QUE LE PEUPLE EST LA PREMIÈRE VICTIME DE LA FRAUDE."

À Okinawa et Hokkaido, la principale fraude "industrielle" concernait l'allocation destinée à garantir la continuité de l'activité, une prime qui se montait à un million pour un micro-entrepreneur et au double pour une PME. Comme il suffisait de déposer le dossier pour obtenir les fonds, même en l'absence de toute activité économique ou commerciale, les escrocs poussaient des tiers à s'inscrire et empochaient 40 à 50 % de la somme. Récupérer jusqu'à 500 000 yens juste en inscrivant son nom sur un papier s'est révélé trop tentant pour beaucoup.
Des retraités des impôts et des employés du *National Printing Bureau* (l'imprimerie nationale) ont été arrêtés, et on a également découvert une fraude organisée au sein de la JRA (le PMU japonais). Deux fonctionnaires en exercice au Ministère de la Santé ont même été arrêtés pour détournement des fonds initialement destinés à la prise en charge des loyers des baux commerciaux. Tout indique que ces affaires sont la partie émergée de l'iceberg. Les fraudeurs seraient d'ailleurs conseillés par des inspecteurs ou retraités des Impôts. En effet, des néophytes ne pourraient pas s'y retrouver seuls car il faut fournir des déclarations d'impôts ou de revenus commerciaux. Autrement dit, ceux qui connaissent à fond le système et les mécanismes d'attribution peuvent passer au travers des mailles du filet.

Si votre identité a été usurpée à des fins frauduleuses, vous pouvez naturellement porter plainte. Sachez que celle-ci aura plus de chances de trouver une issue satisfaisante en cas d'action collective.

L'argent des aides est celui de nos impôts, que nous payons afin de bénéficier des services publics et administratifs. Malheureusement, à travers ces malversations, il tombe entre de mauvaises mains. Il ne faut pas oublier que le peuple est la première victime de la fraude...

DANS LE PROCHAIN TOME, UNE NOUVELLE VENTE MULTINIVEAU GANGRÈNE L'UNIVERSITÉ ?!

UN ÉTUDIANT ISOLÉ PAR LA CRISE DU COVID ACCEPTE DE PARTICIPER À UN SONDAGE...

ET LÀ, C'EST LE DRAME !

ANGOISSES, RÊVES, AMBITIONS... QUEL EST CE MODE OPÉRATOIRE QUI SE SERT HABILEMENT DE LA PSYCHOLOGIE HUMAINE ?!

ÉCHECS À LA CHAÎNE !

LES TRAVAUX DE TERRAIN DU PROFESSEUR KAMO POURRONT-ILS LE SORTIR DE CETTE IMPASSE ?!

VA-T-IL ENFIN ASSURER UN COURS ?!

LA FIN DU SYSTÈME... 2

Cours d'humanomique du professeur Kamo
Manga basé sur les concepts originaux de Takeshi Natsuhara, réalisé par Shinobu Kaitani

BIENTÔT DANS VOS LIBRAIRIES !

DELCOURT TONKAM

LA FIN DU SYSTÈME...

Volume 01

KAMO NO NEGI NIWA DOKU GA ARU
© 2021 by Kaitani Shinobu Products, Takeshi Natsuhara
All rights reserved.
First published in Japan in 2021 by SHUEISHA Inc., Tokyo.
French translation rights in France and French-speaking Belgium, Luxembourg, Switzerland and Canada arranged by SHUEISHA Inc. through VME PLB SAS, France.

Directeur de collection : Pascal Lafine
Supervision éditoriale : Justine Bouzid et Céline Ruaux
Suivi éditorial : Oriane Maumus
Traduction & adaptation : Anne-Sophie Thevenon
Lettrage : Anne Demars
Conception graphique : Studio Delcourt/Soleil - Yohan Julien

© 2025 Groupe Delcourt pour la présente édition.
Dépôt légal : janvier 2025
ISBN : 978-2-413-08108-1

Imprimé et relié en décembre 2024
par Aubin Imprimeur, à Ligugé.

Groupe Delcourt
6-8, rue Léon Jouhaux 75010 Paris

www.editions-delcourt.fr